Hoje nós somos RICOS

Aproveite todo o poder da confiança

Hoje nós somos RICOS

Aproveite todo o poder da confiança

TIM SANDERS

Traduzido por
Luís Aron de Macedo

2ª Impressão

Rio de Janeiro
2013

Todos os direitos reservados. Copyright © 2012 para a língua portuguesa da Casa Publicadora das Assembleias de Deus. Aprovado pelo Conselho de Doutrina.

Título do original em inglês: *Today We Are Rich*
Tyndale House Publishers, EUA
Primeira edição em inglês: 2011
Tradução: Luís Aron de Macedo

Preparação dos originais: Elaine Arsenio

Capa: Jonas Lemos
Projeto gráfico: Fagner Machado
Editoração: Fábio Longo e Marcelo Cruz

CDD: 248 - Vida Cristã
ISBN: 85-263-0314-7

As citações bíblicas foram extraídas da versão Almeida Revista e Corrigida, edição de 1995, da Sociedade Bíblica do Brasil, salvo indicação em contrário.

Para maiores informações sobre livros, revistas, periódicos e os últimos lançamentos da CPAD, visite nosso site: http://www.cpad.com.br

SAC — Serviço de Atendimento ao Cliente: 0800-021-7373

Casa Publicadora das Assembleias de Deus
Av. Brasil, 34401 - Bangu - Rio de Janeiro - RJ
Cep: 21.852-002

2ª Impressão Março 2013   Tirgem: 3.000

AGRADECIMENTOS

Em primeiro lugar, agradeço a Billye King Coffman. Sua vida, seu trabalho e seu espírito tornaram possível este livro. Sou também grato a Jim Coffman, Michael Coffman e Jan Bradburnporcontribuírem com detalhes sobre nossa história familiar.

Agradeço a:

Jan Miller, Shannon Marven, NenaMadonia e Nicki Miserda agência literária Dupree Miller. Este livro nasceu nos seus escritórios de Dallas.

Jon Farrar, Ron Beers, Lisa Jackson, April Kimura-Anderson, Maria Eriksen e Susan Taylor da editoraTyndale House Publishers. Que excelente trabalho vocês fizeram tomando uma ideia até chegar a um produto acabado!

Glenn Plaskin, escritor e editor de extremo destaque. Você me deu os primeiros feedbacks nos capítulosiniciais do livro.

Gene Stone, meu querido amigo e mentor. Ao longo de todo o livro enquanto escrevia, ouvi sua voz útil em minha cabeça, ajudando-me a tomar decisões importantes. Sua influência sobre este trabalho é profunda.

Agradeço a John Maxwell, Erwin McManus, Stacy B., SandeGolgart, Jay Beckley, Jo e David Clark, Tim Kutzmark, Paula Cooper e Dave Ramsey por oferecerem suas histórias narradas no livro. Sou grato à toda a minha comunidade no Facebook (http://tinyurl.com/timpage) por todos os comentários e observações durante o processo de escrita.

PRÓLOGO

A Lição de Billye da qual nunca Esquecerei

ERA UMA TÍPICA MANHÃ ensolarada de verão, e minha avó e eu estávamos comendo o desjejum de cereal quente, biscoitos frescos e melaço Karo. Através de uma janela recentemente limpa, avistei um estranho caminhando penosamente pelo nosso campo de trigo vindo em direção à casa. Andava lenta e deliberadamente, com a cabeça abaixada. A cada passo que dava, ele ficava cada vez maior.

Logo vovó o notou também. Pegou minha mão, e juntos fomos em direção ao campo. Paramos no pomar de pêssego, bem ao lado da cerca elétrica que cercava o campo de trigo.

— Posso ajudá-lo, senhor? — chamou vovó.

O homem olhou para nós com um sorriso tímido e respondeu:

— Espero que sim, minha senhora, espero que sim.

Tomou um longo fôlego e continuou:

— Meu nome é Clarence, e preciso do trabalho de um dia e de uma refeição quente. Não sei mais o que fazer, minha senhora, e não tenho outras opções. Mas sou um bom trabalhador.

Vovó o mediu. Era um afro-americano de meia-idade com cabelos mesclando tons claros e escuros e usava um terno preto acinzentado com uma camisa branca amarelada por baixo. Parecia inofensivo, embora andrajoso.

Ela acenou para ele passar por cima da cerca e se sentar com a gente nas cadeiras dobráveis em torno de uma mesinha no pomar.

— Sou Billye — disse ela. — Este é meu neto, Tim. Qual é a sua história?

— Faz dias que estou andando. Saí da cidade de Dripping Springs, Oklahoma, onde nasci. Perdi tudo que tinha em uma trapaça. Não fiquei com nada, senão com meu sorriso de vencedor, as coisas que tenho dentro desta fronha e alguns parentes que estão dispostos a ajudar-me a começar de novo no Arizona.

Limpou a testa e disse:

— Preciso de algum trabalho, minha senhora. Preciso de alguém que acredite em mim, pelo menos por hoje.

Billye olhou para o céu, como se buscasse aconselhamento, voltou a olhar para ele e disse:

— Vou lhe pagar dez dólares para trabalhar a partir de agora até o pôr do sol. Primeiro, preciso que você pode os topos destes pessegueiros. Não alcanço. Depois, limpe o celeiro. E por fim, se houver tempo, preciso que você pegue uma escada para retocar com tinta a guarnição do telhado do celeiro.

Clarence pendurou o paletó no ramo de um pessegueiro e começou a trabalhar imediatamente. Fiz o mesmo, andando atrás dele como seu pseudo capataz, fazendo comentários sobre o seu progresso e incomodando-o com todos os tipos de perguntas. Respondeu a maioria com grunhidos. Terminou a poda em menos de uma hora e, em seguida, começou a limpar o celeiro. Estava bastante empoeirado e era uma tarefa enormemente difícil.

Billye nos inspecionava periodicamente. Mais tarde, ela explicou que vinha ver se ele não estava se apoiando na vassoura, expressão sulista americana que significa "ensebar-se com o trabalho".

Ao meio-dia em ponto, ela serviu o almoço no pomar em pratos de papel. Foi um banquete: salsichas fatiadas com feijão à moda da fazenda, salada de batata com mostarda, torradas Texas e chá doce. Clarence se concentrou na comida como se concentrara no trabalho naquela manhã. Suas mãos enormes fizeram o garfo de plástico parecer um palito.

Quanto mais Clarence comia, mais falador ficava. Começou a responder às minhas perguntas com mais cuidado. Começou também a me dar conselhos. Baixou os olhos e disse:

— Quero dizer a você alguma coisa sobre sua avó. Ela é especial. Ela tem fé!

Parou para tomar um gole do chá gelado e doce.

PRÓLOGO

— A senhora Billye — continuou ele — é um anjo que Deus colocou na terra para ter fé em um estranho que precisava de alguém que confiasse nele. Pessoas como ela fazem o mundo girar, rapaz. Entende?

Concordei com a cabeça. Eu sabia que vovó era especial. Levara-me para sua casa em um tempo em que mamãe não podia ou não queria me criar. Billye me amou como se eu fosse seu filho, concordando em me criar dos quatro anos em diante, mesmo que ela fosse avançada em idade. Declarou que desde o momento que andei Deus tinha grandes planos para mim. Esse era o tipo de pessoa que ela era. Era muito generosa e acreditava nas pessoas.

— Nos últimos dias, apontaram armas contra mim e atiçaram cães em cima de mim — disse Clarence. — Pensei que ninguém me daria uma chance. Mas sua avó me deu.

Limpou os lábios e resumiu minha lição de almoço:

— Vê como ela é feliz? Você também será se seguir o exemplo dela. Aprenda com a fé de sua avó nas pessoas. Herde alguma coisa de sua doçura.

Após o almoço, Clarence intensificou os esforços, como que fortalecido pela refeição. Limpou o celeiro inteiro, removeu o lixo e pintou a guarnição do telhado.

Billye se juntou a nós ao final do dia para avaliar o trabalho de Clarence e pagar-lhe. Deu uma boa olhada ao redor, sorriu e disse:

— Clarence, você e eu concordamos em dez dólares por um bom dia de trabalho. Mas hoje você fez um grande dia de trabalho. Você é uma pessoa dinâmica e aprecio isso.

Tirou da bolsinha uma nota gasta de vinte dólares, uma pequena fortuna para nós na época. Entregou-lhe e disse:

— Por um dia de trabalho duplamente bom, você merece o pagamento de um dia de trabalho duplamente bom.

Olhos arregalados, Clarence lhe agradeceu profusamente.

— A senhora é a resposta às minhas orações.

— Falando em oração — respondeu ela, apressadamente — poderia orar conosco antes de ir embora?

Clarence resolutamente concordou.

Nós três nos ajoelhamos no estábulo, bem ao lado do poste de amarrar cavalos. Clarence foi o primeiro. Sua oração foi curta, mas sincera. Agradeceu a Deus por trazê-lo a esta fazenda. Agradeceu a Deus por Billye. Pediu a Deus que cuidasse de nossa fazenda e nos mantivesse em segurança e com saúde.

A oração de Billye foi um pouco mais longa, como eu sabia que seria. Suas orações sempre eram épicas e geralmente faziam meus joelhos ficar dormentes. Ela era, para citar o pastor Heck, "uma guerreira de oração". Começou agradecendo a Deus pelo caráter de Clarence e o que isso me ensinou sobre o valor de trabalhar com afinco. Em seguida, chorando de alegria, agradeceu a Deus pela oportunidade de ter sido útil na viagem dele para o Arizona, onde ele teria o que ela chamou de "sua grande recuperação". Pediu a Deus para colocar outras famílias cristãs no caminho de Clarence ao longo dos próximos dias.

Com um amém final, ela e eu nos levantamos e nos espanamos. Clarence, no entanto, ficou ajoelhado, observando um momento prolongado de oração silenciosa. Quando se ajoelhou, ambos percebemos os buracos na sola dos sapatos. Eram do tamanho de moedas, grandes o suficiente para revelar as meias sujas de terra.

Quando Clarence se levantou, Billye disse:

— Depois de arrumar as ferramentas, passe pela casa antes de ir embora. Tenho alguma coisa que você pode querer.

Ajudei Clarence a limpar as ferramentas, e quando chegamos à porta dos fundos de casa, Billye já estava lá, sorrindo e segurando um novo par de sapatos pretos de ponta de asa, próprios para ir à Escola Dominical. Eu sabia que tinham pertencido ao seu falecido pai Tommie King, que os comprara alguns meses antes de falecer. Billye os guardara no armário do quarto "para um dia ensolarado". (Ela nunca planejava nada para os dias chuvosos.)

— Espero que sirvam — disse ela, entregando os sapatos para Clarence. Rapidamente sentou-se no balanço da varanda para experimentá-los. Enfiando-os sem o menor esforço e amarrando-os, sorriu para nós e disse:

— Servem como se tivessem sido feitos para mim.

Seus olhos brilhavam pelas lágrimas. Apertou a mão de Billye e deu um tapinha leve na minha cabeça. Em seguida, pegou sua fronha de posses e partiu andando com confiança em direção oeste, a caminho do Arizona. Eu também chorei, mas limpei as lágrimas para que Clarence e Billye não me vissem emocionado. Senti pena de Clarence e, ao mesmo tempo, fiquei impressionado com o que tínhamos sido capazes de fazer por ele naquele dia.

Enquanto víamos Clarence andar a passos firmes distanciando-se ao pôr do sol, vovó pôs seu braço em volta de mim, apertando-me firmemente ao seu lado.

PRÓLOGO

— Timothy — disse ela em um quase sussurro, a voz aumentando de intensidade a cada palavra — hoje é um dia especial para nós. Jamais se esqueça deste sentimento. Hoje somos ricos!

Com a cadência de um ministro, ela repetiu para dar ênfase:

— Hoje. Somos. Ricos.

◼

Algumas noites mais tarde, Billye e eu estávamos jantando no drive-in Burger Chef, um regalo mensal. Dividíamos um sanduíche de frango frito e um saco grande de batatas fritas crocantes e bebericávamos um Dr. Pepper com gelo picado. Há alguma coisa relacionada à comida que nos faz filosofar.

Quando terminamos, enquanto Billye recolhia os envoltórios de papéis e guardanapos, perguntei-lhe:

— Quando no outro dia a senhora disse: "Somos ricos", o que quis dizer? Quis dizer que somos ricos como Woody [o proprietário da Loja de Departamentos Turner na rua principal] ou como o pai da Lane [o advogado que tinha o melhor carro na igreja]?

— Não — respondeu ela. — Quis dizer que temos tudo o que precisamos, o suficiente para dividir com Clarence. E porque podemos dividir, somos algo que vale a pena. Por podermos e estarmos dispostos a dar, somos ricos.

O olhar perplexo do meu rosto deve ter dito a ela que não entendi nada. Ela continuou:

— Há os ricos de conta bancária e há os ricos de espírito. O segundo tipo é alcançado quando você faz a diferença. É o tipo de riqueza eterna que ninguém pode tirar de você, exceto você.

Apanhou seu copo de refrigerante e o inclinou de modo que eu pudesse ver dentro. Ela tinha bebido cerca da metade.

— Está vendo? — perguntou ela. — "Ser rico" significa que o copo tem o suficiente para matar a minha sede. Mais do que suficiente. No que me diz respeito, o copo está cheio, transbordando. Se você ainda está com sede, você pode beber do meu copo. Entendeu?

— Mas e se você ficar com sede mais tarde? — contrapus.

Tomou um pequeno gole e, em seguida, continuou, sem se deixar abater pela minha pergunta.

— Estou confiante — afirmou ela, enfatizando a primeira sílaba da palavra. — Acredito em mim, em todas as pessoas da minha vida e, mesmo quando tudo o mais falhar, em Deus. Através de todas essas crenças, sei que sempre há mais de onde isso veio.

Seus olhos brilhavam, como se soubesse que estava me ensinando algo importante. E estava. Entendi que a chave para ser rico era a crença de que sempre haveria mais: a nota de vinte dólares, o refrigerante, os amigos, a família, qualquer coisa.

Nunca me esquecerei a última coisa que ela disse quando buzinou para o garçom pegar a bandeja:

— Ser rico é ter o copo cheio e o coração leve.

Enquanto esperávamos, suas palavras ficaram no ar. Nessa época, eu não conhecia muito bem o poder dessas palavras, mas podia sentir. Billye não estava citando truísmos para mim. Ela vivia essas verdades, porque as aprendera da maneira mais difícil. Para Billye, a vida era uma lição da natureza efêmera de ser rico de conta bancária. Ela viera de uma família de pequenos fazendeiros de Oklahoma que guardara dinheiro o suficiente apenas para comprar algumas terras nos arredores de Clóvis, cidade que fica nas planícies a leste de Novo México. O pai de Billye, Tommie King, trabalhava duro e tudo o que ele tocava em Clóvis virava ouro. Fez colheitas abundantes, que lhe permitiram adquirir mais terras e um posto de gasolina/hotel. Ao contrário dos outros colegas da escola de Ensino Médio onde Billye estudava, ela tinha carro próprio aos dezessete anos. Quando dirigia pela rua principal, os meninos do time de futebol americano corriam ao lado do carro e pulavam nos estribos para dar uma voltinha. Longe da turbulência de Wall Street, seu pai foi um dos poucos que tinham dinheiro para gastar em máquinas, fertilizantes e recursos humanos.

Depois, durante os anos de 1940, Tommie sofreu um revés. Por mais de uma década, enviara a maior parte do dinheiro que ganhava para Oklahoma, onde alguns sobrinhos tinham um banco. Como acabou sendo descoberto, eles eram vigaristas. Praticamente da noite para o dia, os Kings tornaram-se ricos de terras e pobres de dinheiro.

Na década de 1960, minha avó Billye Coffman, agora casada com um oficial aposentado da força aérea americana, ganhara tudo de volta através de trabalho duro. Tinha uma fazenda próspera e um salão de beleza que fazia dinheiro rápido.

Alguns anos mais tarde, ela perdeu tudo de novo. Lloyd, seu marido, envenenou-lhe a reputação na base aérea, onde morava a grande maioria de suas clientes. Ele fez dívidas pela cidade toda e, depois, disse aos banqueiros seus amigos que Billye estava louca. Quando ele deixou a cidade, tudo o que ela tinha eram as coisas na casa. Ela era rica de terra e pobre de dinheiro outra vez.

Mas com esses altos e baixos, Billye aprendeu uma valiosa lição de vida: não podemos controlar a riqueza material, mas, cultivando um forte senso de confiança, podemos controlar a atitude sobre se há o suficiente para satisfazer a todos.

A caridade de Billye para com Clarence era parte do seu programa de exercício mental para cultivar seu senso de confiança e fé. Mesmo que a nota de vinte dólares tivesse sido gasta, ainda tínhamos nossos hambúrgueres mensais e íamos muitíssimo bem.

Quando Billye virou a chave de ignição do seu Buick Electra, ela resumiu a ideia:

— Ser rico é uma decisão decorrente de um senso de confiança. É aqui em cima — disse ela, tocando a cabeça com o indicador.

— Preste atenção: a confiança é o combustível de foguetes — e acelerou o motor do carro para dar ênfase. — A confiança encherá você e o fará acreditar que haverá o suficiente do que você precisa. Aquele dia com Clarence foi sua primeira lição sobre vida abundante.

Naquele exato momento percebi que Clarence estava certo sobre uma coisa: eu seria um menino inteligente se estudasse minha avó e fosse como ela. Mas ele estava errado sobre ela ser um anjo. Ela era minha professora que ensinava confiança. Um arrepio me percorreu a nuca quando me dei conta de que Clarence tinha sido o anjo, colocado no nosso campo aquele dia para me ensinar uma lição de vida. Não percebi na época que era uma lição da qual me afastaria, mas nunca esqueceria.

SUMÁRIO

Agradecimentos..5

PRÓLOGO: A Lição de Billye da qual nunca Esquecerei...............7

Capítulo 1: Anos de Derrapagem..17

Capítulo 2: O Despertamento..25

Capítulo 3: O *Loop* Bom...29

Capítulo 4: Princípio 1 — Nutra a sua Mente com Coisas Boas.....33

Capítulo 5: Princípio 2 — Mude de Conversa..............................49

Capítulo 6: Princípio 3 — Exercite o Músculo da Gratidão............69

Capítulo 7: Princípio 4 — Dê para Ser Rico.................................89

Capítulo 8: Princípio 5 — Prepare-se 109

Capítulo 9: Princípio 6 — Equilibre a Confiança........................129

Capítulo 10: Princípio 7 — Promessa Feita, Promessa Cumprida.151

EPÍGOLO..169

NOTAS..173

1

ANOS DE DERRAPAGEM

CONHECI ERIC GOLDHART EM 1997.[1] Com sua excelente forma física e atitude forte e confiante, ele era conhecido como a "estrela" de sua empresa. Como o maior produtor e líder de vendas em sua recém-criada empresa na internet em Dallas, Eric possuía uma personalidade carismática que fazia as pessoas desejar que ele as liderasse. Era uma personalidade que convencia até mesmo os profissionais de recursos humanos mais conservadores a gastar dinheiro com sua empresa na internet. Permanentemente otimista, Eric tinha uma resposta pronta para qualquer objeção à perspectiva. Na verdade, gostava de clientes céticos ou audiências difíceis, porque os via não como obstáculos, mas como oportunidades.

Eric e eu nos conhecemos quando me pediram para fazer uma palestra no jantar anual de premiação de vendas da sua empresa. Imediatamente nos simpatizamos, porque tínhamos muito em comum. Ambos fomos criados por nossas avós. Gostamos de ler os mesmos tipos de livros. Somos bem-sucedidos em nossos campos de atividade e temos sonhos semelhantes de, um dia, dirigir nossas próprias empresas.

Nos meses que se seguiram, estendemos nossa amizade em almoços longos, trocamos dicas e sonhamos quando acabaríamos nos tornando grandes no mundo dos negócios. No ano seguinte, não fiquei surpreso ao saber que Eric fora contratado por uma empresa de leasing com sede em Seattle como vice-presidente de vendas da região ocidental. Tanto quanto eu sabia, Eric estava indo muito bem a caminho de dirigir a *Microsoft* um dia.

Não tive notícias de Eric até o início de 2002, quando me enviou um e-mail, pedindo alguns minutos para falar comigo ao telefone. Percebi pelo tom do e-mail que algo estava muito errado. Este não era a "estrela" que outrora conheci. Este era alguém que perdera seu caminho e precisava de ajuda. Telefonei para ele naquele fim de semana, e conversamos por mais de uma hora, enquanto expunha seu problema detalhadamente.

Desde 2001, a indústria que utiliza a internet para comerciar estivera sob o fogo de Wall Street, e a região de Eric, que se estendia do Vale do Silício até Seattle, fora a mais atingida. Todas as semanas, empresas recém-estabelecidas de todos os tipos foram ficando sem dinheiro e destruindo seus negócios, quebrando contratos e vendendo salas compartimentadas e computadores por tostões de dólar.

O estado de espírito na indústria estava mais escuro do que o clima e da mesma forma deprimente. À medida que as empresas sobreviventes implementavam demissões em massa, Eric encontrou-se esmurrado de todos os lados por mensagens de medo e insegurança. Quando se exercitava na academia, comentaristas pretenciosos na televisão a cabo descreviam detalhadamente todas as maneiras em que a recessão vindoura se desdobraria. Os jornais alardeavam repetidamente manchetes histéricas prevendo o fim da era da internet. Até os colegas de trabalho de Eric foram ficando cada vez mais preocupados e imaginando quando seria a vez deles.

Ainda que Eric fosse um otimista de longa data, não conseguiu resistir à tagarelice do medo. Contra seu senso comum, lia, ouvia e via essas descrições assustadoras como motoristas que não conseguem olhar ao longe a partir da cena do acidente de carro. Em pouco tempo, sua perspectiva positiva se evaporou. Começou a questionar sua capacidade e compromisso e a duvidar se tinha suficiente talento e motivação para sobreviver à tempestade econômica iminente. Até começou a sentir-se culpado pelos períodos de folga ou desconcentração, atribuindo a raiz das falhas da indústria que comercia utilizando a internet à superabundância de diversão.

Sofrendo de falta de confiança, Eric tornou-se duvidoso quanto às possibilidades de sobrevivência da empresa, mesmo que a diretoria estivesse tendo a atitude mais positiva de esperar para ver. Resolvido a assumir essa briga sozinho, Eric entrincheirou-se e disse para si mesmo que cabia a ele apresentar imediatas soluções de vendas.

Deixou de ir à academia, porque se sentia culpado quando não estava trabalhando. Parar de trabalhar às seis horas parecia moralmente errado, à medida que o navio estava presumivelmente afundando. Por isso, ficava tarde no escritório, faltando ao jantar com a esposa e dois filhos.

Mesmo quando estava em casa, sua mente ficava em estado de intensa atividade. Falava asperamente com a esposa e filhos, trancava-se afastado no gabinete com o computador e sentava-se grudado aos canais de notícias a cabo por horas a fio. Parou de fazer os devocionais matinais, pois pareciam insípidos diante da realidade, e de frequentar a igreja com a família. A única coisa que importava era encontrar uma saída da tribulação em que se encontrava.

Preso em um centrifugador emocional e dormindo intermitentemente na melhor das hipóteses, Eric começou a roer as unhas e desenvolveu olheiras inchadas sob os olhos. No trabalho, sua produtividade despencou mais rápido do que o mercado de ações. Perdia horas relendo o mesmo conjunto de números ruins de uma variedade de fontes. Debruçava-se sobre uma fonte infinita de projeções descendentes e vasculhava a internet em busca de más notícias no horizonte.

Para cada minuto que Eric trabalhava, ele se preocupava dez. Seu enfoque da situação era contagioso. Atormentou seus vendedores para trabalharem mais, porque os tempos eram apocalípticos. Nas reuniões, enchia os colegas de trabalho com dúvidas e medos pessoais, que levava a um rápido declínio na produtividade pessoal da parte deles. Os telefonemas de vendas ao cliente terminavam muitas vezes com uma sessão de pessimismo, que deixava todas as partes pior do que quando começaram.

No final do ano, o chefe de Eric ofereceu-lhe uma análise anual crítica e indiferente e deu-lhe um aviso:

— Volte à rotina que você tinha antes, ou vou ter de substituir você.

Eric nunca fora rebaixado ou despedido em sua jovem carreira, e agora estava à beira de ambos.

A essa altura, ele estava ficando sem combustível. Estava em plena recessão pessoal. Estava diminuindo como pessoa, bebia demais e afugentava todos de sua vida. Ele sabia que as coisas tinham de mudar e, na véspera de ano novo, tomou uma decisão: *Vou procurar ajuda e voltar melhor do que eu era.*

Foi quando escreveu para mim.

Enquanto ouvia Eric falar ao telefone naquela tarde, tive de admitir que sua história me soava estranhamente familiar. Descreveu 2001 como o ano em que ele não fez progressos em qualquer parte da vida. Em outras palavras, teve seu primeiro ano de "derrapagem". Nesse momento, tive certeza de que poderia ajudá-lo. Ele teve apenas um ano assim. Eu tive quinze anos sequenciais. Meus anos derrapantes tinham vigorado dos meus vinte aos trinta e cinco anos de idade. Eu era prova positiva de que podemos encher o tanque e voltar a acelerar plenamente.

Eu sabia que o caminho para eu ajudar Eric era partilhar a minha história com ele, uma que eu sempre fora relutante em contar.

◾

Era final do verão de 1981, e eu estava dando um passeio a oeste da cidade com meu Pontiac Astre bordô, ouvindo uma fita cassete da banda Yes no meu som novo. Estava tocando a música "Close to the Edge" e eu cantava junto a plenos pulmões, quando notei faróis piscando no meu retrovisor. Quando encostei o carro, reconheci o Monte Carlo preto do meu tio Jim estacionando atrás de mim. Desembarcamos dos nossos carros e, quando se aproximou de mim, colocou a mão no meu ombro e disse com um suspiro pesado:

— Não sei outra forma de dizer isso, Tim. Seu pai foi assassinado. Sinto muito.

Fiquei ali ao lado da estrada em estado de choque, murmurando as palavras para ele:

— Meu pai foi assassinado...

Enquanto seguia Jim de volta para casa, uma exibição de slides dos tempos com papai passou pela minha mente. Senti o cheiro de sua loção pós-barba — ele sempre usava Brut — e o roçar da sua barba pressionando minha bochecha quando ele me abraçava. Lutando com as lágrimas, tentei me distrair trocando de fita no aparelho de som do carro, só para ouvir Diana Ross e The Supremes cantarem "Someday We'll Be Together" (Um Dia Estaremos Juntos). Tive de manter os olhos grudados nas lanternas traseiras do carro de Jim pelo resto do caminho de casa para evitar sair da estrada.

Mesmo que eu tivesse passado apenas uma semana ou pouco mais com papai em cada verão em minha infância e adolescência, ele causara profunda impressão em mim. Fora forçado a abrir mão de mim duas vezes: primeiro para sua esposa (minha mãe) e, em seguida, mais tarde, para sua própria mãe (Billye), quando minha mãe decidiu que ela não conseguiria me criar. Papai tinha uma carreira polivalente e um estilo de vida de cidade grande, e ele sabia que eu estaria em uma melhor com Billye. Ainda que estivéssemos afastados, telefonava-me muitas vezes, principalmente para me dizer o quanto me amava.

Na semana anterior à sua morte, meu pai, Tom Sanders, aceitara o cargo de redator em uma empresa de produção de televisão em Los Angeles, a mesma cidade onde eu estava fazendo faculdade. Seria a primeira vez que estaríamos morando na mesma cidade e eu estava ansioso para começar a conhecê-lo melhor. Ele era divertido, inteligente e culto, sendo sempre um dos meus maiores incentivadores.

Agora, tudo acabou. Nossa reunião fora cancelada pelo destino.

Quando cheguei em casa, Billye já estava, cercada por amigos e familiares. Ela sabia que eu estaria desconsolado, então quando me viu entrar pela porta da frente, levantou-se e estendeu os braços em minha direção. Ela estava pronta para confortar-me, como sempre fizera durante meus momentos difíceis. Billye sempre fora a minha rocha. Sua fé sólida e confiança serena tinham me inspirado a alcançar muito durante os anos na escola de Ensino Médio e nos meus dois primeiros anos de faculdade.

Ao longo de muitos anos, Billye me ensinara lições de confiança, enquanto me sentava empoleirado a borda da banheira. Enquanto ela fazia o penteado colmeia, compartilhava dicas que eu poderia empregar no dia seguinte. Suas lições tinham surtido efeito em minha vida. Passei de ser rotulado como "problema de disciplina" e ser colocado no programa local de educação especial na segunda série para voltar à escola pública e fazer parte do quadro de honra na sexta série, apesar de as outras crianças me chamarem de "Pequeno Ônibus Sanders". No meu último ano do Ensino Médio, eu estava indo muito bem: Presidente de classe e campeão estadual de debate. Poucos meses antes da morte de papai, eu recebera uma bolsa de debate para terminar a faculdade em uma prestigiada escola na Costa Oeste, depois de vencer vários torneios nacionais no colégio. É verdade, as lições de vida sobre confiança duramente ganhas por Billye tinham me recuperado a vida.

Contudo, naquele dia, algo dentro de mim rompeu-se. Quando Billye tentou me fazer juntar a seu círculo de oração de familiares e amigos, reclamei:

— Por que Deus faria isso com ele? Por que ele faria isso comigo? Ela estava desapontada e magoada. Não tinha a energia para acalentar-me. Tudo o que pôde fazer foi curvar a cabeça e orar.

As palavras de Billye sobre um Deus de amor não faziam mais sentido para mim. Em um instante, minha fé fora estraçalhada. De repente, já não confiava em ninguém. Tendo em vista que todos os princípios de Billye estavam baseados, em parte, na fé, seus ensinamentos já não tinham o tom da verdade para mim.

Quando mais tarde naquele mês deixei Clóvis para morar na Califórnia, rejeitando tudo que Billye me ensinara ao longo dos anos sobre como viver a vida, não levei comigo um único livro da biblioteca da família, apesar de Billye me oferecer todos. Não trouxe nem a minha Bíblia.

Enquanto fazia por fazer o penúltimo ano no colégio na Universidade Loyola Marymount, tudo era diferente. Já não me importava mais em tirar boas notas ou fazer algo com a minha vida. Gazeei aulas, tomei atalhos em minha pesquisa e vivi despreocupadamente, fazendo o mínimo esforço com a pouca confiança que me restara dos anos anteriores.

Meus anos de derrapagem tinham começado.

Quando me mudei para Tucson a fim de frequentar a escola de pós-graduação, minha atitude passou de simples falta de fé e confiança para plena negatividade. Decidi que meus anos de campeonato como debatedor tinham sido pouco mais que mera sorte, e percebi que seria melhor me aproveitar de tudo o que eu pudesse em termos de emprego. Quando conquistei uma posição na consultoria Hughes Aircraft, mais uma vez presumi que foi um feliz acaso. Tendo em vista que eu não imaginava que seria bem-sucedido nos negócios, não levei o trabalho a sério.

Em vez disso, dedicando-me à paixão pela música, juntei-me a uma banda local e me estabeleci em um estilo de vida de mês em mês, que acabou me deixando em um ônibus escolar avariado em um local de acampamentos para caravanas, bem a leste de Dallas, Texas.

Alguns anos mais tarde, conheci Jacqueline, que se tornou o amor da minha vida. Encontrava-me de pernas pro ar na época, mas ela viu algo além de minhas roupas pretas de roqueiro e de minha propensão ao pessimismo. Seu filho Anthony tinha então quatro anos de idade, e me apaixonei por ele também. Ainda assim, não tinha a confiança ou ambição de me esforçar para viver além de salário em salário.

Achei um trabalho de vendas no ramo de televisão a cabo que alavancou meu dom de falar sem parar. Ainda que eu ganhasse um bom dinheiro, sempre encontrava uma maneira de sabotar o meu caminho rumo ao gerenciamento. Minha renda salarial era firme e confiável, mas ainda não era feliz. Não tinha alvos senão o de um dia ser descoberto por um magnata da música e parar de trabalhar para "os outros".

Em meados do primeiro semestre de 1996, encontrava-me próximo colapso. Deixei o emprego, converti em dinheiro o meu plano de aposentadoria e dediquei minhas energias sem obter um contrato de gravação, mesmo que no fundo soubesse que era um feito próximo do impossível. Fiz biscates para ajudar com o aluguel, e comemos com os trabalhos esporádicos que Jacqueline fazia como cabeleireira. A cada dia eu ficava mais desapontado comigo mesmo e, certa tarde, ao voltar de carro para casa, tive o impulso súbito de virar o volante do carro para a direita e dirigir a toda a velocidade direto contra a barreira de concreto na autoestrada. A compulsão foi tão forte que tive de encostar o carro e parar até recuperar o autocontrole. Não era a primeira vez que tal pensamento medonho me passava pela cabeça naquele ano. Quando contei para Jacqueline naquela noite, eu chorava incontrolavelmente, tremendo nos braços dela, enquanto tentava me consolar.

Eu estava longe do menino de olhos arregalados que Billye ensinara a amar a vida e conseguir grandes coisas. Eu sabia que precisava encontrar uma maneira de sair dos meus anos de derrapagem, mesmo que significasse ir para trás, ou seja, voltar ao tempo e lugar onde a vida fazia sentido.

2
O DESPERTAMENTO

ERIC E EU TIVEMOS nosso segundo telefonema de aconselhamento na semana do Dia dos Namorados* de 2002. Comecei a conversa com uma pergunta:

— O que você *não* faz hoje que *fazia* quando nos conhecemos?

— Não entendi muito bem a pergunta — disse Eric, rindo nervosamente.

— Que investimentos em si mesmo e nos outros você não está mais fazendo? — perguntei. — Que práticas diárias ou semanais para um *você* melhor caíram no esquecimento?

Se Eric pudesse responder a essas perguntas, eu sabia que ele sairia da negatividade e voltaria ao rumo certo. Havia poder nessas palavras. Como eu sabia? Eu era prova viva disso. Billye fez exatamente essas perguntas para mim em 1996, poucos meses depois de eu quase ter abalroado o carro em um muro de concreto.

Fiquei emocionalmente desconectado de Billye desde a morte do meu pai. Em minha mente, não era aquele menininho sentado à beira da banheira, ouvindo-a emitir lições de vida. Eu fora para a faculdade em Los Angeles e aprendera a duvidar. Agora eu era "mundano".

Mas quando pensamentos sombrios de inutilidade e suicídio começaram a fazer parte de minha rotina diária, eu sabia que era hora de me reconectar com

---

*N. do T.: Nos Estados Unidos, o Dia dos Namorados é comemorado em 14 de fevereiro.

minha rocha na vida: Billye. Durante o feriado de Ação de Graças, Jacqueline e eu fomos de avião a Lubbock e alugamos um carro para ir a Clóvis. Compramos uma câmera descartável nas Lojas Walgreens, e fiz com Jacqueline uma turnê pela minha cidade natal, tirando fotos de lugares e coisas que tinham significado algo para mim em minha infância e adolescência: a fazenda de trigo, o cemitério onde papai estava enterrado, a escola de Ensino Médio que frequentei. Billye incentivou-me a tirar fotos de minha coleção de troféus de debate que estava no meu quarto, que ela orgulhosamente deixara em exposição, mas recusei.

Isso foi há séculos — rebati.

Tinha pouca confiança de um dia voltar aos tempos de glória de meus anos anteriores. Para mim, essas realizações permaneceriam no distante passado para sempre.

Assim que voltamos para Dallas, deixei a câmera numa loja para revelação e recebi as vinte e poucas fotos reveladas. Enquanto olhava as fotos da fazenda, de Billye sentada à mesa da cozinha, do cemitério onde papai estava enterrado, a última foto da pilha quase fez meu coração parar. Era a foto da caixa d'água da cidade de Sudão, Texas, o local exato onde Billye me recebera depois que minha mãe me abandonara em um hotel. Não foi a primeira vez que minha desafortunada mãe me perdera acidentalmente, mas aos olhos de Billye, seria a última.

Enquanto olhava a foto, ocorreu-me que não poderia ter sido o pior momento para Billye adotar uma criança. Além de me sustentar, era também responsável por sua mãe Hattie de oitenta e cinco anos de idade. O casamento de vinte anos de Billye havia terminado, as contas bancárias estavam vazias e seu crédito estava por um fio.

Minha mente flutuou de volta ao dia quente de verão, quando dois agentes de cobrança entraram à força em nossa cozinha. Dentro de minutos, a geladeira e o fogão foram carregados em um caminhão branco e a cozinha ficou vazia. Esta foi a primeira vez que vi Billye chorar.

Mas não demorou muito para refazer-se. Depois de se fechar no banheiro por algumas horas, Billye saiu e anunciou que tudo estaria muito bem. Sempre esforçada, falou com os vizinhos e membros da igreja, negociando cortes de cabelo e escrituração contábil por aparelhos usados até nossa cozinha estar de volta em pleno funcionamento, ainda que as cores e modelos não combinassem.

Billye tomara a decisão de me sustentar, apesar dos sacrifícios que fossem necessários, e foi essa escolha que transformou um menino indesejado e abandonado em alguém que se sentia valorizado e acarinhado. Enquanto olhava a imagem granulada daquela caixa d'água, um arrepio familiar me percorreu a nuca. Uma voz suave argumentou que se Billye pôde perder tudo e ainda assim sair por cima, eu poderia superar o fato de papai ser tirado de mim. Para mim, a caixa d'água era símbolo de esperança: a história pode começar de novo e, através do amor dos outros, ter um final feliz.

Naquela noite, abri um livro que Billye tinha me dado: *Pense e Enriqueça*. Era um dos seus livros mais estimados na biblioteca da família, dado por seu pai Tommie King. Folheando o livro, abri uma página ao acaso e encontrei essas palavras que trouxeram refrigério para a minha alma: "Volte ao seu ontem, às vezes, e banhe a mente com belas lembranças do amor do passado. Isso suavizará a influência das preocupações e aborrecimentos de hoje. Isso lhe dará uma fonte de fuga das realidades desagradáveis da vida e talvez, quem sabe?, sua mente se renderá a você durante este retiro temporário no mundo dos [...] planos que podem alterar toda a situação financeira ou espiritual de sua vida".[1]

Olhei minha esposa Jacqueline, deitada ao meu lado na cama, que sempre acreditou em mim e esteve disposta a esperar eu crescer ao meu potencial. Pensei em nosso filho Anthony, cochilando no quarto ao lado, um jovem precioso que merecia um pai forte. Fechei o livro com um baque, retive as lágrimas e deixei que o momento da caixa d'água se demorasse em minha mente enquanto o sono vinha sobre mim.

No dia seguinte, telefonei para Billye durante minha hora de almoço.

— Estou pronto para voltar no tempo — propus — às lições que a senhora me ensinou, aos livros que a senhora me disse para ler e aos deveres diários que a senhora me deu. Tenho sido uma pessoa terrível para todos, e não tenho ninguém a quem responsabilizar por isso, senão a mim mesmo.

— Hum — respondeu ela. — Parece que o seu coração está amolecido e a sua mente está aberta.

— Jacqueline e Anthony merecem uma pessoa melhor — continuei. — Merecem um campeão.

— Deixe-me fazer algumas perguntas — disse ela, surpreendendo-me por não se lançar imediatamente em um pequeno sermão.

— O que você *não* faz hoje que você *fazia* durante seu último ano na escola de Ensino Médio e nos primeiros dias da faculdade? — perguntou ela, como um Sócrates da zona rural.

Rememorei as lições que ela me ensinou na adolescência, os hábitos que me ajudou a desenvolver e os princípios sobre os quais construí o meu sucesso. Eram de fato ideias simples, mas, ao mesmo tempo, profundas e poderosas: Alimente a Mente com Coisas Boas, Exercite o Músculo da Gratidão, Prepare-se.

Fiz uma lista de rituais diários que já não eram parte da minha rotina: ler por simples prazer, fazer coisas para melhorar meu currículo pessoal a cada ano, oferecer-me como voluntário, cuidar do meu corpo.

Billye ouviu atentamente e, em seguida, confirmou que eu estava no caminho certo.

— Você sabe o que fazer — disse ela —, porque eu ensinei você. Sua vida carece de práticas diárias que você fazia antes. Você toma como fato consumado a sua fé e as práticas espirituais. Está na hora de voltar ao que funciona, ao básico. E começa com a releitura dos mestres: James Allen, Norman Vincent Peale, Napoleon Hill, Dale Carnegie, Claude Bristol e Maxwell Maltz.

Minha mente rodou de empolgação enquanto falávamos. Eu sabia fazer isso! Permitira que as incertezas da vida se intrometessem no modo de fazer o que eu precisava fazer.

— Tudo começa hoje — disse eu, enquanto encerrávamos o nosso telefonema. — O seu Timothy está de volta entre os vivos, mãe.

Billye sempre quis que eu a chamasse de mãe, visto que me criara como um de seus filhos. Quando falei assim, ela manifestou a centelha de prazer na voz.

— Hoje somos ricos! — alardeou ela.

E desde esse dia em diante, nunca mais fui pobre.

3
O *LOOP* BOM

A PERGUNTA DE BILLYE durante aquele telefonema na hora do almoço me pôs em um caminho novo e empolgante. Deixei de ser um vendedor que fazia vendas mensais estritamente necessárias em uma empresa recém-estabelecida de multimídia para, em menos de quatro anos, ser um executivo da Yahoo! Então, de repente, entrei no mundo dos livros, que me lançou em novas oportunidades de uso da palavra. Tudo começou com a volta aos princípios básicos da vida que Billye me ensinara quando eu era criança. Seguir os princípios de confiança me colocara definitivamente em um loop bom.

Então quando fiz a mesma pergunta para Eric naquele Dia dos Namorados, sabia por experiência que a pergunta continha grande quantidade de energia.

— O que você *não* faz hoje que você *fazia* quando nos conhecemos?

No primeiro momento, a resposta de Eric foi irreverente:

— Divertindo-me e dando-me bem na vida.

Mas quando contestei:

— Não, Eric, quero dizer que investimentos em si mesmo e nos outros você não está mais fazendo? Que práticas diárias ou semanais para um *você* melhor caíram no esquecimento?

Ele ficou mais circunspecto sobre o que tinha deixado de fazer:
— Ler livros de negócios. Definitivamente perdi o luxo de ler sobre o futuro... Dar, compartilhar, ensinar, aconselhar, contribuir, comunicar-me e ajudar meus clientes a serem bem-sucedidos. Estou no modo de sobrevivência, cara.

Meu telefonema para Eric o fez pensar sobre todos os hábitos que deixara durante o *crash* das empresas da internet. Ele permitira que a incerteza sobre o futuro colocasse toda a sua vida em mal funcionamento. Billye sempre me avisara sobre isso:

— A incerteza é um inimigo espiritual que consumirá o seu combustível de foguete. Transforma pessoas empreendedoras em desistentes.

Quando desliguei o telefone depois de conversar com Eric, perguntava-me se a pergunta de Billye faria a diferença em sua vida como fizera na minha.

Na primeira segunda-feira de 2003, tive uma resposta. Eric pegou o laptop para digitar um e-mail de atualização para mim sobre o seu progresso. O tom do e-mail sinalizou imediatamente que estava em um bom lugar emocional e espiritualmente. A linha de assunto dizia tudo: *Estou de voooolta!*

Explicou que tinha pensado muito sobre minhas perguntas e mudado sua dieta diária de mídia, deixando de lado coisas "ralas para coisas boas". Abasteceu o carro com CDs de grandes livros para ouvir durante a longa viagem de ida e volta do trabalho. Começou com *Empresas Feitas para Vender*, de Jim Collins. Em vez de assistir *Financial Times* todas as manhãs, leu devocionais inspiradores. Em vez de ver notícias pela televisão a cabo, uniu-se com seus filhos para brincar com o cão da família. Viu sua perspectiva melhorar quase imediatamente.

— Você não faz ideia que diferença faz um ano! Mudei o que entrava em minha cabeça, o que saía da minha boca e o que fazia parte da minha vida!

Eric estava em um loop bom, graças aos princípios de confiança de Billye. Seus pensamentos levaram a ações positivas. Criaram resultados positivos na vida, que o encorajaram a continuar em seu loop bom. É assim que funciona.

Repetidas vezes observo na vida de outras pessoas a mesma experiência que Eric e eu tivemos.

A menos que você esteja vivendo os princípios de confiança plenamente, o sofrimento ou a incerteza pode abalar sua crença nos outros ou mesmo em Deus. Eric enfrentou adversidades e eu passei por uma tragédia pessoal. Eric perdeu primeiro a autoconfiança e, em seguida, a confiança nas pessoas e a fé. Eu perdi primeiro a fé e, em seguida, a confiança nas pessoas e a minha autoconfiança. Ambos caímos em um loop negativo, mas o resultado foi o mesmo: anos de derrapagem. Eric e eu nos deixamos levar pelos nossos momentos de crise, porque tínhamos subestimado a importância de manter a confiança em hábitos que mudam a vida.

Billye sabia por experiência que há uma ligação crucial entre confiança e realização, mas muitos estudos confirmam que, quando você *acredita* que será bem-sucedido, gera uma serenidade que melhora a capacidade de abrandar o jogo da vida para ver as coisas com mais clareza. Como Peale diz, quando você conquista a preocupação, você pode "relaxar, porque as coisas vêm mais facilmente".[1]

Inúmeros estudos liderados por Albert Bandura documentam este ganho de clareza em estudantes que acreditam que estão preparados para fazer uma prova e confiantes em sua capacidade de tirar nota máxima. Quando você pensa que vai tirar um A, a prova é uma oportunidade para brilhar, não uma tarefa assustadora. Sua mente relaxada é capaz de somar dois mais dois e obter quatro, em contraste com a mente nervosa, que pode estar repleta de erros básicos de matemática, lógica, razão e julgamento. Um estudo recente realizado na Universidade Goldsmiths de Londres concluiu que a confiança é tão importante quanto o QI em um ambiente de prova. Pense desta forma: a mente está limpa ou entulhada de pensamentos negativos. A autoconfiança é um purificador heterogêneo que reduz a tagarelice em sua cabeça e permite que você entre em estado de fluxo. Você já deve ter sentido isso durante uma atividade na qual se considere muito bom. Você não tem de pensar sobre o que está fazendo; apenas faz.

Muitos com quem tenho falado destacam como são mais influenciados pelas credenciais das pessoas do que pelas suas perspectivas, mas acho que é autoilusão de ambas as partes. Don A. Moore, professor da Universidade Carnegie Mellon, pesquisou essa proposição e, por meio de um experimento cuidadosamente elaborado, descobriu que os seres humanos são mais propensos a aceitar conselhos de uma pessoa por causa do nível de certeza daquele que comunica do que por causa do seu histórico ou currículo. Mostre-me alguém que alegra a sala, impõe respeito e encanta a todos, e salientarei a energia subjacente que torna tudo isso possível: a confiança.

◾

Nos anos seguintes à minha conversa com Billye e, depois, com Eric, fiquei convencido de minha próxima atribuição: inspirar uma nova geração a modelar a confiança total em uma época em que o medo se espalhou como um vírus.[2] Mais uma vez, comecei voltando à fonte dessas lições — Billye.

Na Parte 2 a seguir há sete princípios destilados da vida e ensinamentos de Billye. Testei-os estudando as pesquisas sobre motivação e conversando com destacados especialistas motivacionais. Estes princípios mudarão sua vida. Sei, porque transformaram a minha vida duas vezes. A primeira vez foi quando me lançaram em um loop bom em meus anos de escola, e a segunda, foi quando me arrancaram de meus anos de derrapagem quando estava na casa dos trinta. São princípios que causarão um impacto imediato na sua perspectiva, e você medirá esse impacto por meio de seu melhor desempenho. Você dormirá melhor, será mais feliz e fará ao mundo mais bem do que antes de aprendê-los. Com o tempo, a vida começará a girar em um loop bom para você como fez para Eric e para mim. Alguns dos princípios serão consistentes com o que você está acostumado a crer. Outros podem ser diferentes, até mesmo difíceis de acreditar, mas isso não tem influência sobre a eficácia deles.

Cada um dos capítulos a seguir contém um princípio acompanhado por um conjunto de práticas destinadas a melhorar sua perspectiva em duas áreas: suas circunstâncias e os participantes (incluindo você) que serão parte do seu novo futuro. Não tentarei fazer com que pareça fácil. Esses princípios exigem muito trabalho. Você terá de investir tempo e energia para viver por eles, e precisará de paciência para continuar fazendo-os. Mas prometo que se assim você fizer, terá uma vida de consistente realização. Será uma vida que continuará avançando, o que só pode gerar bondade para todos. Será uma vida em que um conjunto de princípios trabalhará para mantê-lo no caminho certo, independentemente de tudo o que venha junto.

Se você comprou este livro porque está passando por dificuldades e deseja que seu "orgulho" volte, então este é o momento da caixa d'água, a hora da renovação. Se você é uma pessoa confiante que quer continuar sendo confiante, esta é uma maneira de continuar avançando. O segredo para a renovação e a verdadeira confiança é simples: voltar ao básico.

4

Princípio 1

NUTRA A SUA MENTE COM COISAS BOAS

BILLYE LEVANTAVA-SE COM AS GALINHAS no despontar da manhã e ainda mantinha horas de reclusão. O que ela fazia durante essas horas de entremeio? Alimentava a mente com coisas boas.

Durante minha infância, observei sua rotina matinal centenas de vezes. Quando saía da cama, andava pela sacada adjacente ao quarto e lentamente se alongava. Em seguida, sentava-se na poltrona da sala de estar e lia a Bíblia por cerca de quinze minutos. Depois de se servir de sua primeira xícara de café, lia um livro, um devocional ou a mais recente edição do jornal *The Midnight Cry* ou da revista *Guideposts*. Enquanto isso, o *Clovis News Journal*, o jornal da cidade, estaria na varanda da frente com o elástico em volta. Após meia hora de leitura atenta, Billye tomava notas no diário, principalmente os *insights* do estudo matinal.

Em muitas manhãs, depois da leitura, telefonava para uma de suas amigas mais próximas, que mantinha matinalmente uma prática mental semelhante. Falavam sobre o que tinham lido ou pensado e riam também. A etapa final do pré-trabalho matinal de Billye era uma longa oração, quando então se ajoelhava diante da poltrona. Mais tarde, levantava-se, comia o desjejum e preparava-se para mais um dia duro de trabalho.

Billye nunca assistia à televisão durante o dia. Quando ocasionalmente sintonizava o canal de notícias, confiava apenas em algumas fontes de notícias, como Walter Cronkite ou Edward R. Murrow.

— As demais fontes — dizia ela — são comerciantes do medo, que vendem sabão para sujar a mente.

Assistia apenas a filmes ou programas de televisão que tivessem temas positivos e evitava violência ou vulgaridade mudando de canal. Para ela, o R de "restrito para menores de dezessete anos" significava "rubbish" (lixo).

Billye era muito criteriosa em responder ao que as pessoas tentavam colocar-lhe na cabeça. Evitava os "caçadores de fofocas" como se tivessem uma doença infecciosa. Até mesmo criticava amigas de espírito negativo depois de muitas ofensas. Quando uma das irmãs de nossa igreja perguntava-lhe por que uma mulher cristã deveria abandonar as amigas por causa das palavras que usam, Billye respondia parafraseando Norman Vincent Peale, do livro *O Poder do Pensamento Positivo*:

— O que sai da mente é o que você coloca na mente. Você tem de alimentar a mente como alimenta o corpo.

Seu plano de ingestão positiva não era egocêntrico, era proposital. O filtro que ela colocava sobre o que ou quem ela ouvia não era puritano, era prudente. Aprendera que o segredo do pensamento positivo encontra-se em consumir os alimentos mentais certos. Desde os primeiros pensamentos quando acordava até os últimos prestes a dormir, ela alimentava a mente principalmente com coisas boas.

Rick, um amigo meu dos dias em que trabalhei na Yahoo!, tinha uma rotina matinal diferente, muito mais conhecida para muitos de nós. Quando acordava, em geral pulando da cama imediatamente após desligar o alarme, ligava a cafeteira elétrica e inicializava o notebook. Baixava os e-mails, muitos dos quais tinham chegado mais cedo naquela manhã da Costa Leste americana. Respondia alguns, enchia a xícara de café e dava uma olhada nos demais. Depois, acessava a home page da Yahoo!, do *The Huffington Post* e de alguns blogs que seguia e, em seguida, comia alguma coisa. Muitas vezes ficava preso em um site de rede social como o Facebook ou o Twitter, até perceber que estava atrasado para o trabalho.

Enquanto dirigia para o trabalho, ouvia conversas de entrevistas pelo rádio, de teor em grande parte grosseiro ou político. Enquanto esperava nos semáforos, checava e-mails pelo telefone ou respondia textos de colegas de trabalho. Na hora do almoço, fazia academia enquanto assistia à CNBC e, em seguida, se debruçava sobre o jornal enquanto comia. À noite, assistia ao noticiário durante o jantar e, depois, uma enorme quantidade de reality shows ou seriados. Depois do jantar, navegava na internet por uma hora, respondia e-mails que tivesse recebido desde que encerrara o expediente de trabalho e, em seguida, tentava dormir um pouco antes que o alarme disparasse na manhã seguinte.

Quando conheci Rick, queixou-se de que estava se tornando cada vez mais deprimido. A primeira coisa que lhe pedi para fazer foi descrever seu "dia de ingestão de informações". Depois que descreveu, em minha melhor imitação de Phil McGraw, perguntei-lhe:

— Como é que isso está trabalhando para você?

O problema de Rick era sua dieta mental. Não era seletiva e não levava em conta sua perspectiva. É irônico, porque Rick é uma pessoa que come alimentos saudáveis e faz exercícios regulares. Não come açúcar refinado, carne vermelha, alimentos processados ou frutas e legumes não-orgânicos. Examina os menus para se inteirar de detalhes sobre os ingredientes e pressiona os garçons para obter informações nutricionais sobre os alimentos que ele está pensando em comer. Quando se trata de comida mental, no entanto, ele exagera como se comesse só balas, doces e hambúrgueres duplos.

Quando partilhei com ele a dieta mental que estou prestes a partilhar com você, ocorreu uma mudança radical na atitude e nível de confiança de Rick. Quando percebeu que sua mente "comia", assim como seu corpo, com resultados bons ou maus, ele mudou seu estilo de vida informacional, fez novas amizades e retomou seu ponto de vista.

Você tem que ser tão cuidadoso quanto ao que coloca na mente quanto ao que coloca na boca. A mente é uma máquina. Quando ingere informação, a mente trabalha, mastigando, digerindo e, em seguida, convertendo a informação em pensamento. Quando coisas boas entram na mente, bons pensamentos surgem. As pessoas que mantêm dietas mentais propositais de estímulos positivos têm pensamentos saudáveis.

> **Você tem que ser tão cuidadoso quanto ao que coloca na mente quanto ao que coloca na boca.**

A razão por que é tão importante alimentar a mente com coisas boas é que os pensamentos resultantes determinam seu sucesso ou fracasso, sua felicidade ou miséria e, mais importante, as circunstâncias da vida. Aqueles que não têm um plano de dieta para a mente estão sujeitos às piores lembranças e ao constante vozerio do medo propagado pelo mundo. Estes resultam em padrões de pensamentos perturbantes.

Essa é essencialmente a premissa por trás do livro de Napoleon Hill, *Pense e Enriqueça*: "Toda pessoa é o que é por causa dos *pensamentos dominantes* que ele permite que lhe ocupe a mente. [...] Somos o que somos por causa das vibrações do pensamento que podemos pegar e registrar, por meio de estímulos do nosso ambiente diário".[1]

Hill não foi o único a escrever sobre a importância de nossos pensamentos. Em 1903, James Allen escreveu o livro inovador *O Homem É aquilo que Ele Pensa*, tendo Provérbios 23.7 como premissa: "Como ele pensa consigo mesmo, assim é" (ARA). A premissa do livro é simples, mas profunda: "Bons pensamentos dão bons frutos; maus pensamentos dão maus frutos".

Em *The Magic of Believing* (A Mágica de Crer), Claude Bristol revelou que temos duas mentes: a mente consciente e a mente subconsciente.[2] Quase setenta anos de pesquisa psicológica desde que o livro foi publicado apoiam a hipótese. Pensamentos tornam-se realidade por causa da mente subconsciente, que produz sentimentos, instintos e ações.

A mente consciente é a máquina sempre em operação que reage a estímulos e orienta a mente subconsciente. É menor, projetada para analisar e interpretar rapidamente. A mente subconsciente é a maior das duas, uma enorme unidade de disco rígido cerebral que armazena toda observação, experiência ou interação na vida. Por desígnio, a mente consciente armazena muito menos a fim de resguardar a sala de operação para a interpretação de novos estímulos.

Tentar sem sucesso lembrar-se de um nome, uma banda, um filme ou um livro, quando a palavra está na ponta da língua deixa você irritado. Por fim, às vezes muito mais tarde, a palavra ou frase que você procurava lhe ocorre, quase que por mágica, e você sente uma incrível sensação de alívio. Você se soltou! Esse é o trabalho da mente subconsciente: recuperar as informações do cérebro. Na verdade, você não se esqueceu das informações. Você apenas as enviou à mente subconsciente para liberar espaço na mente consciente para a tomada de novas informações.

O subconsciente não é apenas uma unidade de armazenamento em massa. Maxwell Maltz escreveu que também é o mecanismo criativo que gera os instintos, intuições, ações e reações básicas. Pensamentos criam crenças na mente consciente. Uma vez enviadas ao subconsciente, as crenças tornam-se sentimentos e ações.[3]

Se o subconsciente calcula que você terá sucesso em algo, ele reúne todas as suas habilidades para tornar isso realidade. Se calcula que fracassará, gerará um comportamento para fazer com que isso se torne realidade. É o que significa ser autodestrutivo.

Seus pensamentos também moldam como os outros veem você, reagem a você e amoldam ainda mais sua autoimagem. Seus pensamentos e as emoções que deles resultam vêm a público para os outros decodificarem através da mente subconsciente deles, que administram o sistema nervoso. É por isso que a linguagem corporal trai as palavras faladas. É por isso também que você pode ter um ataque negativo, que revela seus verdadeiros sentimentos, pouco importando quanto você diz para a mente consciente manter o autocontrole.

James Allen explicou melhor quando escreveu: "Imaginamos que o pensamento pode ser mantido em segredo, mas não pode. Rapidamente se consolida em hábito e o hábito se materializa na circunstância".[4] Você pensa, você age e as ações criam uma série de eventos que dão forma à vida diária.

Pense em um tempo em que você estava em um pânico mental. Quanto mais pensava sobre como se sentia, mais chateado ficava. Quando estava com amigos, você era uma bomba-relógio de emoções. Você tentava suprimi-las, mas quase sempre fracassava e acabava dizendo algo que gostaria de não ter dito.

Mesmo que pudesse manter a boca fechada, a linguagem corporal traía você. Você cruza os braços, olha em volta ou agita-se nervosamente. As pessoas pensam que suas ações são hostis, e distanciam-se de você ou rebatem essa negatividade com a própria hostilidade delas. Isso só faz com que se sentir pior, e você cai em um círculo vicioso de comportamento movido por maus pensamentos.

Por fim, os pensamentos também têm um impacto sobre a saúde física. A mente subconsciente diz ao corpo o que fazer, como se sentir e quais substâncias químicas segregar. Quando a mente subconsciente converte um pensamento negativo em medo e estresse, o corpo produz o hormônio do estresse: o cortisol. Ao longo do tempo, a produção deste hormônio pode levar a doenças cardíacas e problemas digestivos.[5]

Embora a ciência moderna tenha feito grandes progressos para entender como o estresse emocional afeta a saúde física, os escritores já vinham descobrindo uma ligação há décadas. Maxwell Maltz humoristicamente assinalou: "Alguém já disse que a maior causa de úlceras é fazer tempestade em copo de água".[6] Peale escreveu: "Muitas pessoas têm problemas de saúde não por causa do que comem, mas por causa do que as come".[7] O problema com tantas pessoas que encontrei que se queixam de dores e doenças é que elas estão com indigestão da alma.

Pela minha experiência, o pensamento positivo é a chave para a saúde. Acredito que minha saúde é moldada por meus pensamentos da maneira como uma escultura é moldada por seu criador. Sou muito cuidadoso com minha dieta mental e me considero fissurado por pensamentos saudáveis.

FAÇA UM DIÁRIO DE ALIMENTOS MENTAIS

Muitos nutricionistas e profissionais de perda de peso dizem que o primeiro passo em uma dieta alimentar é fazer o inventário do que você come. Em 2002, resolvi que precisava perder peso e ficar em forma. Ao longo de um período de quatro anos, enquanto viajava pelo mundo a negócios, eu comera por conveniência muita comida altamente calórica. Por causa disso, minha cintura aumentara quinze centímetros! Minha "barriga de refrigerante" parecia extravagante no meu pequeno corpo, e percebi que precisava mudar.

Quando dei início ao meu plano de ação, o primeiro conselho do nutricionista foi escrever tudo o que eu comia. *Tudo*. Em um diário, anotei todo alimento que eu colocava na boca. Quando algumas semanas mais tarde reli o que escrevi, fiquei horrorizado. A maioria das coisas que escrevi era porcaria: açúcar refinado, alimento processado e carboidrato simples. Não foi à toa que eu aumentara de peso! Manter esse diário foi um excelente primeiro passo, e me ajudou a perder dezoito quilos e dez centímetros de cintura em menos de dois anos.

Esse é um exercício para você: pelas próximas semanas, anote tudo o que estiver lendo, ouvindo ou assistindo. Se deseja tirar o máximo proveito deste livro, compre um pequeno diário que possa levar consigo. Será útil para sua dieta mental, bem como para outros exercícios que lhe darei mais tarde. Anote a fonte, o autor (se aplicável) e o tom (positivo, útil, neutro, negativo) de tudo que você coloca na mente. Ao lado de cada anotação, coloque a quantidade de tempo gasto. O mesmo vale para as pessoas com quem você gasta tempo. Anote o nome, o tom e quanto tempo gasta com elas. Esse quesito é importante para a época em que vivemos: marque quanto tempo você passa na internet em atividades não relacionadas ao trabalho e anote. Agora faça um círculo em volta de toda informação e influência negativa ou inútil que você "consumiu" e destaque todas as positivas ou úteis. Releia rapidamente o diário inteiro para formar uma impressão inicial de sua ingestão total, tanto positiva quanto negativa. Se tiver mais círculos do que itens destacados, precisa concentrar os esforços na eliminação desses "alimentos" de sua dieta mental. Quanto mais fizer assim, mais ciente estará de sua dieta mental e mais controle terá sobre ela. Para muitos, os primeiros resultados serão alarmantes, tanto quanto minha dieta alimentar diária foi para mim!

DESCARTE OS ITENS NEGATIVOS

Agora que você acabou de ver de que consiste a sua dieta mental, está pronto para eliminar a comida lixo mental e as influências negativas de sua dieta. São toxinas e enchimentos que não podem coexistir com informações positivas. Muitas vezes se expandem e espremem as coisas boas que você baixou em sua mente.

Considere a curiosidade como o propulsor da avidez que você tem por notícias estranhíssimas. No empenho de "acompanhar" o que está acontecendo no mundo, você não pode deixar de clicar em um link das últimas notícias sobre Lindsay Lohan ou sobre o mais recente vírus que infectará o mundo. Mas assim como tive de fazer na minha dieta de perda de peso, você terá de conquistar seus desejos através da força de vontade.

Acredito que muitas das notícias televisivas não se destinam a informar você. Têm o objetivo de mantê-lo à frente da tela da televisão, para que você assista aos anúncios e compre os produtos anunciados. Ted Koppel, jornalista televisivo de longa data, escreveu que para ser eficaz, a apresentação da notícia tem de ser um "largar a concha". Isso significa que é necessário que mamãe largue a concha na sopa quando ouve a manchete e corre para a TV a fim de prestar atenção aos detalhes sangrentos.[8] É por isso que histórias positivas não dão ibope. Não nos assustam o suficiente para prender a nossa atenção. Assista ao telejornal de sua cidade todas as noites, e será informado sobre acidentes de carro, assassinatos, escândalos políticos, esportes e o tempo (que você pode ficar sabendo em um minuto visitando um site especializado).

Evite fofocas da mesma forma que evita a gripe. É uma forma socialmente aceitável de pornografia que é dolorosa. Os infortúnios das pessoas nunca devem ser fonte de entretenimento. Quando você encontra um site, um programa de televisão ou uma revista que espalha fofocas, pare de ler ou assistir imediatamente. Cuidado com publicações centradas em celebridades. Promovem voyeurismo, uma forma particularmente cruel de mídia.

Quando se trata de uso da internet, seja proposital. Não fique a esmo, clicando aqui e ali até que algo lhe chame a atenção. Você acabará tropeçando em uma notícia perturbadora. Em Las Vegas, os casinos têm uma regra que funciona: mantenha os apostadores à mesa por tempo suficiente e eles sempre acabarão perdendo. Se você insiste em ler qualquer coisa da internet diariamente, siga a regra de Maxwell Maltz: "Leia por alto os textos negativos, mas se concentre nos positivos".[9]

Em seguida, descarte as pessoas negativas e suas atitudes desagradáveis. São geralmente mais críveis para você do que a mídia e podem produzir muitos pensamentos negativos. Você sabe que são pessoas negativas, graças à mistura de palavras boas, más e fofocas na língua. Se constantemente importunam você, queixam-se e reclamam da situação do mundo, precisa avisá-las de que está em uma dieta mental e aceita apenas o que é bom para você. Então, se essas pessoas continuarem sendo negativas, pare de passar tempo com elas.

Inimigos dissimulados de amigos, bajuladores e pessimistas são um veneno para a sua visão de mundo. Exclua-os do seu círculo social, seu trabalho e seu tempo on-line. Você tem este poder. Pode ser que não esteja em posição para cortar *todo* contato com colegas de trabalho negativos, mas, muitas vezes, *pode* escolher ao lado de quem se sentará, dará atenção e entabulará conversas. Em casos extremos, você talvez precise "separar-se" de um amigo ou ente querido. Talvez precise mudar de igreja ou grupo cívico. Pode precisar pensar em sair do trabalho.

Não forneça uma audiência para os "iniciadores de incêndio", pessoas que gostam de causar problemas que só elas sabem resolver. Gostam de vê-lo chateado com a notícia desagradável que elas dão, e você muitas vezes as recompensa, agradecendo-lhes por mantê-lo informado.

Se você passa tempo no Facebook, um site de rede social em que você se conecta com velhos amigos e faz novos, seja criterioso sobre a qualidade do seu *feed* de notícias (as publicações que aparecem quando você faz log on). Se alguém posta algo negativo, clique no botão *Ocultar histórico* próximo a ele. Se certa pessoa constantemente posta publicações perturbadoras ou negativas, bloqueie-a (há um link para isso no canto inferior esquerdo do perfil dessa pessoa). Sei que soa duro, mas você tem de se perguntar: *Se minha mente ficar tóxica, que bem serei para as pessoas?*

Obviamente, existem pessoas que você não pode eliminar de sua vida: os familiares ou vizinhos. Pode ser que tenha um trabalho que não pode ser deixado. Nesses casos, aprenda a arte de "ignorar" os outros. Como as crianças em cenas de sala de aula dos desenhos da turma de Charlie Brown, transforme suas palavras em indecifráveis sons *uá-uá-uá*. Talvez você tenha feito isso quando era criança e seus professores lhe davam lição de moral repetidamente. Em caso afirmativo, faça de novo!

O QUE SÃO COISAS BOAS?

Não estou sugerindo que você enfie a cabeça na areia, pare de ler as notícias atuais e se sirva só de materiais inspiradores ou espirituais. O ponto da dieta mental de coisas boas é que você tem de ser altamente seletivo acerca de como manter-se informado.

Leia jornais com um estilo editorial que objetive enriquecer seu ponto de vista e lhe dê informações necessárias que também sejam relevantes para a sua vida. Pessoalmente, aprecio o *New York Times* e o *Wall Street Journal*. Ambos têm reputação a defender e, juntos, me dão um retrato instantâneo do mundo real. *Fast Company, Fortune, Success, One+* do MPI e o *Harvard Business Review* são publicações que me proporcionam ótimas fontes de conhecimento construtivo.

Ouça programas de rádio ou assista a programas de televisão que tenham essa mesma abordagem. Apesar de achar que muitos programas de conversas pelo rádio sejam banais,[10] a maioria da programação transmitida pela National Public Radio (NPR) é muito boa. São programas informativos, úteis e de tom e intenção positivos. Oprah Winfrey e Dave Ramsey também apresentam programas de grande auxílio.

Mais importante, leia bons livros. Se sua dieta mental estiver firmemente direcionada a ler bons livros, você iluminará sua perspectiva e ganhará sabedoria ao longo do tempo. Recomendo esta composição em sua dieta mental: 25% de mídia, 50% de livros e os 25% de atividades sociais e relacionadas ao trabalho (off-line e on-line).

Os livros, por sua natureza, oferecem profundidade de conhecimento e completude de ideias que fortalecem você, sobretudo se estiver lendo os livros certos. Bons livros tendem a cair em quatro categorias:

- Livros de inspiração (filosóficos, psicológicos ou espirituais).

- Livros de ensino (guias pessoais ou profissionais).
- Livros de história e referência (na forma de literatura de não ficção e ficção).
- Livros de futuro ou tendências (como o mundo está mudando).

Invista tempo na livraria ou biblioteca lendo com atenção pilhas de livros que são alimentos para a mente positiva. Se puder, invista trinta reais por mês neste plano.

Aplique esta ideia à sua vida social também. Quando considerar amigos, avalie as perspectivas e não apenas a proximidade ou relevância que tenham para as suas necessidades concretas. Quando encontrar um parceiro de conversa que o anima, comprometa-se a passar mais tempo com ele.

Um último alimento básico da dieta que alimentará sua mente de forma correta é a alegria e a felicidade das outras pessoas. Independentemente do caminho de sua vida, você tem a oportunidade de empaticamente absorver pensamentos positivos dos outros, mesmo de pessoas que você não conhece. Por exemplo, para a maioria das pessoas, o aeroporto é um lugar estressante em que mães agoniadas e figurões impacientes de classe executiva podem facilmente deixar você irritado e deprimido. Mas se estiver disposto a girar o botão da observação da sua mente consciente, também descobrirá famílias se reunindo, crianças se divertindo e risos.

Desde o ano passado precedo assim para melhorar a qualidade emocional das viagens que faço. Por exemplo, noto soldados retornando do Oriente Médio, que são reconhecidos pelos pilotos, comissárias e viajantes. Nas áreas de portão de embarque dos aeroportos de todo o país, soldados em seus uniformes marrom-camuflados são ovacionados de pé, quando andam pelos terminais. Muitas vezes paro, observo o reconhecimento que estão recebendo e absorvo o orgulho que estão sentindo. Isso deixa meus olhos marejados de lágrimas de alegria e me carrega de um sentimento positivo.

Durante a temporada de férias ou em festas de aniversário, você também tem a oportunidade de testemunhar aos outros em forma de alegria e comemorar com eles. O mesmo se aplica quando alguém no trabalho recebe um prêmio.

É o que o meu cachorro gosta de fazer: se chego em casa de bom humor ou estou animado com algo, ele chega fazendo festa, sem nada a pedir. Ele foi criado assim e, por isso, tem uma grande personalidade.

ALIMENTOS MENTAIS DA DISPENSA

Quando eu era criança, tínhamos gado em nossa fazenda, que era para Billye uma fonte disponível de ilustrações para as mais diversas formas de alimentar a mente.

— Vacas comem pasto e ruminam — dizia ela.

O que ela queria dizer é que há novos alimentos e há "regurgitação". Para os seres humanos, a ruminação são nossas lembranças armazenadas e as atitudes e crenças que já formamos em torno delas. Codificamos e armazenamos as lembranças muito rapidamente e, mais tarde, as chamamos para mastigar.

Grande parte de nosso pensamento começa com uma lembrança, provavelmente nossa principal fonte de alimentos mentais. Pode ser a lembrança de instantes atrás (uma reação) ou a lembrança de anos atrás (uma reflexão). Guardamos nossas lembranças em duas dispensas: a mente consciente (pense nela como a memória de acesso aleatório [RAM] do computador) e a mente subconsciente (a unidade de armazenamento em massa que serve de nosso backup final).

A chave para gerenciar nossos pensamentos é, então, gerenciar que lembranças convocamos da dispensa para digerir novamente. Mesmo quando gerenciamos os alimentos mentais externos para fazer um chá, em nosso tempo de entremeio, a dispensa pode encher nossa mente de medo, ressentimento e preocupação.

Seja proposital quando convocar alimentos mentais da memória, pois pensamentos ociosos permitem que seu subconsciente corra solto e drague lembranças aleatórias, muitas delas acompanhadas de emoções negativas. O medo é uma emoção muito poderosa. É quase impossível ignorá-lo uma vez que tenha sido autorizado a entrar na psique. Este medo exige ser servido e, sem um plano de sua parte, é levado à sua mente para ser mastigado novamente.

Perceba a entrada de lembranças que se inserem na consciência e, quando aparecerem, pergunte-se: *Estou trazendo à baila uma lembrança nutriente ou uma lembrança irritante?* Muitas vezes, a lembrança irritante aparece ruidosamente e com manifestação física, como bochechas quentes, um buraco no estômago ou punhos fechados. A lembrança nutriente pode dar a sensação de frescor ou euforia depois de uma corrida longa.

Quando você sente que está prestes a alimentar a mente com más lembranças, coloque tudo para fora. Uma maneira de eu colocar tudo para fora é ver a lembrança negativa como um título em um quadro branco. Então, com minha borracha mental, apago o quadro. Se continua tentando apresentar-se, conscientemente digo a mim mesmo: *Exclua, agora!*

Precisamos evitar a reintrodução de más lembranças que já pensamos antes. Muitas vezes, continuamos a gerar pensamentos de arrependimento ao reviver nossos erros, e ficamos presos ao que Billye chamou de armadinha do "e se?". Quanto mais mastigamos o doloroso passado, mais detalhes o subconsciente expectora e mais ele se expande no nosso pensamento. Assim que aprendemos a lição do erro, precisamos declarar que os detalhes são "lembranças inúteis" e jogá-las fora. Armazene o discernimento; exclua os detalhes.

Os alimentos mentais mais saudáveis são as experiências de sucesso. Estes são tempos em que você mostrou coragem, astúcia e tenacidade. Você foi magistral. Você, sem esforço, realizou acima de suas expectativas. Os resultados foram positivos, o *feedback* brilhou e a confiança subiu. Maxwell Maltz, escreveu: "Aprendemos a agir com sucesso, tendo sucesso. As lembranças do sucesso passado atuam como 'informações armazenadas' embutidas, que nos dão confiança para a tarefa presente".[11]

Tente este exercício na próxima vez que estiver prestes a enfrentar um desafio. Em vez de preocupar-se, reviva uma experiência de sucesso relevante quando você se destacou. Pense em como corajoso, criativo e/ou enérgico você foi. Reviva como você se saiu bem e, em seguida, considere a semelhança dessa situação com a tarefa presente. Se possível, leve na carteira ou ponha no celular uma foto da experiência. Perceba que você é o mesmo, se não uma pessoa melhor hoje do que então.

Há alguns anos usei esse tipo de alimento mental para reforçar minha confiança, enquanto me preparava para dar uma palestra para a Agência Central de Inteligência. Seus organizadores selecionaram-me para falar em um evento de liderança de centenas de agentes e funcionários e comentar sobre as descobertas do meu segundo livro, *O Fator Boa Gente*.

Durante as entrevistas anteriores ao evento, os organizadores salientaram que essas pessoas eram muitos discernidoras e era comum não ficarem impressionadas por estranhos. Chegaram a contar algumas histórias sobre palestrantes de alto perfil, que tinham fracassado à frente deste grupo. Por mais que eu estivesse me preparado para a conversa, tive dificuldades em desvencilhar-me do meu nervosismo.

Dez minutos antes, andei pelo palco e revivi uma experiência de sucesso de 2004. Lembrei-me vivamente dos detalhes que cercaram minha primeira palestra para um departamento militar dos Estados Unidos: os fuzileiros navais. Lá também fui avisado que o grupo poderia ser difícil, especialmente quando o palestrante era civil. Depois de muita preparação, dei uma palestra altamente personalizada que repercutiu na plateia e rendeu uma esplendorosa carta de recomendação de um brigadeiro-general.

Assim que revivi minha palestra dada aos fuzileiros navais, visualizei a carta de recomendação. Pude ver a assinatura do general Catto e o logotipo da Marinha dos Estados Unidos no canto superior direito. Disse para mim mesmo: *Você os abalou e vai conseguir hoje de novo. Você é a mesma pessoa e trabalhou muito para se preparar para esta palestra quanto se preparou para aquela.*

Fazer isso mudou tudo. Relaxei e comecei a esperar com gosto a palestra. Confiantemente pisei no palco e dei à comunidade da inteligência uma palestra animada sobre personalidade, ler os outros e fazer conexão. Semelhante à palestra dada aos fuzileiros navais, fui bem recebido e convidado a voltar, provando que nada tem sucesso como o sucesso.

Além de experiências de sucesso, pensamentos de tempos felizes são bons alimentos mentais para momentos de ócio. Carl Erskine, famoso arremessador do Brooklyn Dodgers, comentou que maus pensamentos o colocaram em mais problemas do que maus arremessos. Ele disse: "Certo sermão me ajudou a superar melhor a pressão do que os conselhos de qualquer treinador... O teor foi que, como um esquilo que amontoa castanhas, temos de armazenar nossos momentos de felicidade e triunfo, para que, em caso de crise, possamos mobilizar essas lembranças pelo bem da ajuda e inspiração".[12] Cada momento emocional positivo deve ser reconhecido, salvo em alta definição e armazenado na mente consciente para fácil acesso. É mais fácil do que você pensa ignorar esses momentos ou arrancá-los dos cantos da sua memória.

Este é o resultado de alimentar a mente com lembranças positivas: expulsar as más lembranças. Como mencionei antes, a mente consciente limita o espaço para operar. Quando fica cheia de boas lembranças, as más não encontram ponto de apoio para gerar padrões de pensamento. Napoleon Hill observou: "Emoções positivas e negativas não podem ocupar a mente ao mesmo tempo".[13]

COLOCANDO TUDO JUNTO

É tempo de aplicar a abordagem "saem coisas negativas, entram coisas positivas" na sua dieta mental diária. Inicie a manhã com o desjejum da sua mente. Esta é a refeição mais importante, porque define o tom para o dia e instrui o subconsciente quanto ao que deve observar, processar e armazenar.

Após o exercício do momento de acordar (falaremos mais a respeito no Capítulo 6), saia da cama lentamente, dando tempo para a mente aclimatar-se. Se você costuma pular da cama, correr para chegar ao trabalho na hora e não imagina como poderá ter um bom desjejum da mente, então levante-se mais cedo. Para dar à mente a chance de relaxar e tranquilizar-se para o dia, você precisará mover-se v-a-g-a-r-o-s-a-m-e-n-t-e quando acorda.

Não entre na internet na primeira hora que você está acordado. Não verifique os e-mails. Isso pode esperar. Moro na Califórnia, três horas a menos que a Costa Leste americana. Costumava preocupar-me com a ideia de que se eu não lesse primeiro meus e-mails ou desenvolvimentos do dia, sairia perdendo. Mas não saía. Nos últimos cinco anos, não perdi uma única oportunidade por esperar uma hora para submeter-me à aleatoriedade de e-mails e notícias da internet. Não leia o jornal até ao almoço; isso também pode esperar. Você nunca parecerá tolo no trabalho por ainda não ter lido o mais recente anúncio de lucros, a coluna do obituário ou a seção de esportes.

Em vez disso, faça sua leitura matinal de livros ou outras publicações de alta qualidade. Estude-os e, depois, propositadamente pense sobre o que significam. Faça anotações sobre o que você aprende. Como regra geral, passo metade do tempo lendo textos espirituais e inspiradores e metade lendo textos instrutivos. Entre essas duas leituras, começo meu dia com uma atitude mental positiva.

No final da hora do almoço, arrebate cinco minutos de pensamento positivo para rever o que vai bem e que coisas positivas você realizará antes do fim do dia. Faça uma pausa no meio da tarde (vá lá fora, se o dia estiver bom). Dale Carnegie costumava andar alguns quarteirões até uma igreja para meditar por dez minutos todas as tardes, especialmente quando o dia de trabalho era estressante. Quando meditar, não tente resolver um problema.

Faça com que a academia ou o tempo de ida e volta do trabalho seja tempo de ler/ouvir um bom livro. Não se alimente de quaisquer meios de comunicação que esses pontos de encontro fornecem. Quando chegar em casa do trabalho, não ligue automaticamente o televisor. Alguns minutos de televisão podem anular os esforços de gerenciamento de alimentos mentais de um dia. Antes de dormir, leia um pouco mais, mas não tente consumir texto complicado ou excessivamente provocativo.

Comecei com este princípio, porque a mente é a chave para o modo como você pensa e o quanto será confiante. Experimente este plano diário e logo começará a ver que seus padrões de pensamento tornam-se amplamente otimistas, esperançosos e construtivos.

5
Princípio II

MUDE DE CONVERSA

GRANDE PARTE DA VIDA é gasta em conversas com as pessoas. Quando essas conversas avançam, progredimos. Quando derrapam, reina a confusão. Quando deslizam para trás, conflitos e emoções negativas se sucedem.

"Conversas são um jogo de círculos", escreveu Ralph Waldo Emerson.[1] Em outras palavras, uma conversa é útil, mas muitas vezes é complicada pelos planos de cada participante. Contudo, através deste processo altamente interativo, moldamos nossas atitudes e crenças.

A maioria das conversas ocorre internamente, entre a mente consciente e a mente subconsciente. Admita. Você fala sozinho. Às vezes, é um ir e vir puramente mental; outras vezes, você fala o diálogo em voz alta. Mas, seja como for, você conversa consigo mesmo mais do que com outras pessoas.

A maioria das conversas internas envolve o ato de digerir alimentos mentais: *O que significa esta informação ou sentimento? Como devo me sentir a respeito? O que devo fazer a respeito? Devo me preocupar? Devo acreditar?*

A conversa interna ergue-se como o ponto médio entre seus pensamentos e suas ações. Não importa quantas coisas boas você coloque na mente, se a conversa interna for distorcida, ainda assim produzirá pensamentos negativos.

Ao contrário dos alimentos reais, tem uma escolha quando se trata de como digerirá os alimentos mentais. Você tem controle completo sobre a conversa interna. E como em breve verá, pode aplicar sua perspectiva saudável a qualquer conversa e torná-la construtiva sempre.

JOGUE FORA AS CASCAS

Billye era mestre no que ela chamava de "exercício do quebra-nozes". Quando eu tinha doze anos, fui ao acampamento da igreja pela primeira vez. Chamava-se Singing Hills e estava localizado nos arredores de Albuquerque. Fiz um teste para cantar em uma das atividades e fui selecionado para cantar uma canção no dia do encerramento. Após dizer algumas palavras sobre realização pessoal, cantei "Fill My Cup", que testou a altura máxima do meu soprano. Recebi muitos elogios dos outras campistas, mas do grupo da minha igreja as opiniões foram ambíguas.

Alguns fizeram troça do meu terno casual feito em casa e de minha voz ultraelevada. Uma pessoa me chamou de "O Gritante". Gil Johnson, nosso patrocinador adulto, repreendeu-me, dizendo que eu deveria ter ignorado a longa introdução e apenas cantado a canção. Levei todas as críticas muito a sério e, quando cheguei em casa, disse a Billye que nunca mais cantaria, exceto em casa.

— Críticas são como nozes — disse ela, tirando um punhado de nozes da despensa. — Você não pode engolir uma noz inteira, pode? Você nunca seria capaz de digeri-la apropriadamente. É para isso que o quebra-nozes serve. Quebre a noz; então, você terá a porção comestível.

Deu-me uma noz para comer.

— O que devo fazer com estes pedaços de casca? — perguntou ela.

— Jogue-os fora — disse.

— *Exatamente* — disse ela. — Coma a noz e jogue fora as cascas. Abordagem simples. Funciona sempre. Pense em todas as coisas que as pessoas disseram sobre a canção que você cantou como um saco de nozes. Cada um desses comentários tem, em si, algo valioso. É uma declaração da sua apresentação ou da pessoa que fez o comentário.

— Não entendi — disse eu. — Riram de mim e o irmão Johnson me deu uma bronca por eu falar sobre a música antes de cantá-la. Não estavam me dando nada de valor.

— Estavam sim — disse Billye. — Alguns meninos fizeram com que você soubesse que estavam com inveja de você. Lembre-se: "Ninguém chuta um cachorro morto"![2] O que disseram tinha a ver com eles, não com você. Você e eu sabemos que canta muito bem.

— E quanto ao irmão Johnson? — perguntei. — Ele não está com ciúmes.

— Gil Johnson fez um favor para você, porque ele tem razão. Você deveria ter cantado a canção. Você não foi convidado para dar um sermão!

Nesse momento, percebi algo importante: Como você escolhe digerir as informações determina seu valor nutricional. E eu sabia que Billye estava me ensinando por experiência pessoal. Anos antes, esta fora uma descoberta libertadora para ela, porque teve de lidar com um monte de informações em sua vida, muitas das quais potencialmente devastadoras.

Quando seu marido a deixou, seus dois filhos adolescentes se mudaram com ele, o que devastou Billye totalmente. Em um primeiro momento, ela não conseguia entender por que escolheriam a ele e não a ela. Mais tarde, descobriu que a decisão de deixá-la foi o resultado de um episódio em que ela os disciplinara com um cabo de vassoura. Algumas semanas mais tarde, os meninos tiveram de escolher entre os dois pais e, com base nessa experiência recente, escolheram ir com o pai.

Quando Billye descobriu isso, também tinha uma escolha: aprender com isso ou deixar que isso a corroesse pelo resto da vida. Na época, estava sob tremenda pressão emocional, tendo de lidar com um marido que a enganava e um ataque de depressão. Ela poderia ter escolhido digerir a informação como vítima, justificar seu comportamento para com os filhos e endurecer o coração.

Em vez disso, decidiu que nunca mais bateria numa criança, inclusive em mim. Decidiu também nunca externalizar sua raiva em qualquer pessoa. Encarou isso como uma experiência de aprendizagem sobre castigo e coibição emocional. Assim que chegara a essa conclusão, ela engoliu a noz e jogou fora as casas, apagando da mente essencialmente tudo, exceto a lição.

Com o tempo, ambos os filhos voltaram a morar com ela. Suas relações com Billye foram restauradas e, até hoje, continuam a avançar. Billye, Jim e Mike amam uns aos outros, passam tempo juntos e nunca desencavam esse assunto. Está encerrado. Esta é lição preciosa para você também: você sempre encontra uma coisa boa em qualquer informação, mesmo na crítica intensa. Fala algo sobre quem disse ou sobre você. Todas as vezes.

O "exercício do quebra-nozes" também é uma ótima maneira de lidar com fracassos. Aprenda uma lição com o que aconteceu e, depois, propositadamente esqueça os detalhes. Maxwell Maltz aconselhava seus pacientes a apagarem ativamente tudo, exceto a lição do fracasso. Mais tarde, quando o subconsciente analisar a experiência, lembrará a lição, não os erros ou opiniões dos outros. O resultado será um maior sentimento de confiança em vez de preocupação ou insegurança.

CLASSIFIQUE AS NOTÍCIAS

A cada dia, dezenas de notícias entram em sua mente. Algumas vêm de amigos e colegas, outras através dos meios de comunicação. Em face disto, poucas têm um significado definido. Você lhes dá significado por meio dos seus pensamentos. Para citar uma frase de *Hamlet*, de Shakespeare: "Nada é bom ou ruim, mas pensar torna bom ou ruim".[3]

A mente é pronta em responder a todas as notícias que lhe prendem a atenção. Por padrão, ela as posiciona como algo bom ou ruim. Raramente há algo em algum ponto intermediário. A mente conta ao subconsciente como você deve se sentir sobre ela, e é ativada a liberação de uma série de substâncias químicas e outras ações físicas.

O cérebro tem um centro de função lógica (o neocórtex) e um centro de função emocional (a amídala). De acordo com o Daniel Goleman, em *Inteligência Emocional*, a função do centro emocional é mais forte do que a função do centro da lógica.[4] Isso significa que é muito fácil que as informações recebidas sejam sequestradas, muitas vezes codificadas como emergência necessária para fazer com que as coisas continuem fluindo!

A maioria dos meios de comunicação e muitos dos seus conhecidos têm o hábito de levar as coisas ao extremo, quer fantasticamente quer tragicamente. Gostam de saber qual é a sua reação e não têm motivo para abrandar o que dizem a você. É por isso que você tem dias alegres e dias tristes, quando sente que as emoções estão como que fora de controle.

É quando precisa aplicar a sua perspectiva, o classificador final de todos os alimentadores de notícias que chegam. Você terá de diminuir a função *emocional* suficientemente para dar à função *lógica* a possibilidade de agir, algo como o vulcano Spock de *Jornada nas Estrelas*. Se você quiser ter o controle da vida emocional, precisará classificar com precisão as notícias quando chegam à mente. Há quatro maneiras de classificar as informações que chegam:

- *Boas* — quer para você ou para alguém ou algo que você tem interesse.
- *Neutras* — sem efeito direto sobre você ou um dos seus interesses.
- *Ocupe-se* — adversidades às quais você precisa responder.
- *Más* — um efeito irrevogavelmente negativo em você ou em um dos seus interesses.

Grande parte do que você chama de más notícias é na verdade notícias *ocupe-se*, que visam manter você ocupado. São informações que lhe dão motivo para entrar em ação e focar nas soluções. Notícias *ocupe-se*, como os mal-entendidos ou o desenvolvimento que complica a situação, são preocupantes. Muitas vezes, você vê estes tipos de itens como perda ou derrota e imediatamente os classifica como negativos.

De acordo com a minha experiência, muitas poucas são verdadeiramente más notícias (ou seja, o dano é permanente e não há nada que eu possa fazer a respeito). São notícias que significam: "Você precisa se ocupar e fazer algo a respeito. O *status quo* já não funciona". Assim que me dou conta de que as "más notícias" me obrigam a assumir a função de solucionador em vez de preocupador, minha conversa interna muda do pânico para o planejamento.

> **Grande parte do que você chama de más notícias é na verdade notícias *ocupe-se*, que visam manter você ocupado.**

Quando classifico algo como boas notícias, comemoro e digo ao subconsciente para colocar esta informação perto da porta da frente, a fim de que eu possa acessá-la prontamente. Se as classifico como neutras, jogo-as fora, como um punhado de cascas de noz. Se as classifico como más e não posso fazer nada a respeito, reconheço a emoção que as acompanha e, em seguida, digo ao subconsciente para arquivá-las totalmente ou excluí-las por completo.

ENFRENTE O PIOR CASO

O que você faz quando não tem certeza se as notícias são fatalmente más ou apenas altamente dolorosas? A imaginação evoca vagas imagens de sofrimento para o futuro, e o subconsciente responde com um nó no estômago e um ataque de suor. Acionado por um agravamento da situação, o medo do desconhecido é premente em você.

Muitos pensadores positivos lhe dirão para ignorar as más notícias, não pensar a respeito e presumir o melhor. Mas o cenário do pior caso tende a aumentar de enormidade quando você ainda não o enfrenta. Em *Como Evitar Preocupações e Começar a Viver*, Dale Carnegie compartilha uma técnica infalível que Willis H. Carrier (fundador da Carrier, gigantesca empresa de ar-condicionado) costumava praticar para vencer pensamentos preocupantes.

No início da carreira de Willis Carrier, foi encarregado de instalar um aparelho em uma fábrica que seu patrão possuía. Depois de Carrier ter gasto vinte mil dólares com a instalação, o aparelho não funcionou. Inicialmente, ficou petrificado de preocupação, mas depois de alguns dias percebeu que preocupar-se não o levaria a lugar algum.

A primeira coisa que fez foi definir claramente o pior cenário: ele perderia o emprego. A segunda coisa que fez foi aceitar a ideia e declarar que a vida continuava mesmo assim. Haveria outras oportunidades de trabalho. A última coisa que fez foi decidir fazer o melhor partindo do pior.

Com uma sensação de calma, confessou ao chefe a situação e pediu mais dinheiro para corrigir a instalação mal feita. No final, manteve o emprego e o aparelho logo estava funcionando em perfeita ordem. Venceu o pior, e desse dia em diante, tratou todas as suas preocupações da mesma maneira.

Da próxima vez que você estiver cheio de preocupação, tente a estratégia de Carrier:

1. *Defina o pior.* Pergunte-se honestamente: *O que de pior pode acontecer?* Feito isso, você descobrirá que sua imaginação está recebendo o melhor que você tem. A realidade não é tão ruim assim, uma vez que a defina claramente. É mais poderosa quando permanece um mistério.

2. *Prepare-se para aceitar o pior.* Aja como se a situação fosse uma conclusão inevitável e deixe-a agir como uma lição a ser aprendida. Pelo menos, admita que haverá algumas repercussões negativas, independentemente de seus melhores esforços.

3. *Estabeleça o objetivo de melhorar a situação partindo do pior.* Desenvolva um conjunto de respostas que o ajudem a cortar perdas e reduzir danos.[5]

Dei este conselho para uma corretora hipotecária de Houston, que conheci enquanto fazia a gravação para um programa de notícias a cabo no final de 2008. Ela comentava que a recente queda nos valores dos imóveis tinha destruído seu negócio e sua vida. Sentia-se humilhada e envergonhada pela posição que ocupava. Neste momento, porém, ainda especulava sobre seu futuro incerto.

— O que de pior pode acontecer com você? — perguntei.
— Perder a casa e declarar falência — respondeu.
— Então, diga adeus à casa e prepare-se para um novo começo — disse.
— E depois? — perguntou ela.
— Com essa comiseração por trás de você, é hora de fazer um plano para agir melhor do que perder a casa ou ir à falência. Quais são as opções agora?
— Posso contatar o banco e tentar renegociar o empréstimo. Posso procurar um novo emprego que alavanque minhas habilidades de marketing direto. Posso cortar despesas e entregar meu carro para a financeira.
— Agora você está planejando para ter um resultado menos pior — declarei.

Um ano mais tarde, escreveu-me dando-me notícias: "Perdi a casa, mas encontrei um apartamento grande. Não tive de declarar falência, porque encontrei um novo emprego e gerenciei meus outros débitos, diminuindo-os. Nem acredito que eu estava com tanto medo. Depois que eu disse adeus à casa e me ocupei em tratar das dívidas, senti-me muito calma, sabendo que eu faria melhor do que meus piores temores".

ENCERRE A CONVERSA

Você reprocessou a questão e decidiu o que fará a respeito, mas ainda volta à conversa interna para ruminar um pouco mais. Diferente dos seus parceiros de conversa exterior, sempre está com você, o que significa que a conversa pode continuar vinte e quatro horas por dia, sete dias por semana e trezentos e sessenta e cinco dias por ano. Cada vez que tem um momento livre, a mesma antiga conversa interna lhe assoma à cabeça. Em algum momento, tem de encerrar a conversa interna sobre um problema ou uma informação.

Se você ruminar algo mentalmente por muito tempo, ficará entalado na psique. Fale sobre algo por muito tempo e o assunto se tornará fonte de irritação. Analise algo muito profundamente e perderá o contato com a realidade. É por isso que precisa acabar com a conversa quando ela já tiver servido o propósito lógico.

Um conselho de produtividade pessoal altamente comprovado é nunca tocar em um papel em sua mesa mais de duas vezes. Você toca nele quando chega para identificar a natureza. Depois, você toca mais uma vez para tratar dele ou arquivá-lo. Mantenha a papelada em volta por muito tempo, e acabará com uma mesa desordenada e a sensação lancinante de que não pode dar conta do trabalho!

O mesmo diz respeito à conversa interna. Quando surge uma informação para mantê-lo ocupado, enfrente o pior e, depois, faça planos. Se for necessário, reflita a respeito mais uma vez para verificar os fatos e confirmar o seu plano. Em seguida, desfaça-se dela. Diga: "A conversa está encerrada, e passo para outra".

É importante que assim que você tomar uma decisão, não pensar mais a respeito. A palavra *decisão* é derivada da palavra latina *decidere*, que significa "cortar". Tomar uma verdadeira decisão "corta" todas as outras opções ou alternativas. Assim que você toma a decisão, não há mais nada a fazer senão agir. É muito mais fácil continuar o debate do "o que devo fazer?" do que aprofundar-se nos detalhes e manter-se ocupado com o que já se comprometeu em fazer. Mas fazer assim também é desperdício de energia. Em *Psicocibernética*, Maxwell Maltz adverte a "nos preocuparmos quando fazemos a aposta, não quando a roleta está girando".[6]

Se você cometeu um erro e planejou ser responsável por isso, siga em frente. Jogue fora as cascas e não pense mais nisso. Billye muitas vezes me disse:

— Não há problema em cometer erros; apenas não faça de novo!

O que ela queria dizer era que não ficássemos paralisados com os erros passados. Temos de seguir em frente.

A CONVERSA EXTERNA

Quando eu tinha oito anos de idade, uma das minhas tarefas domésticas era espanar o pó. Depois de Billye passar o aspirador de pó, eu ia atrás e limpava todos os móveis com uma camiseta velha. Uma das partes mais difíceis do trabalho era tirar o pó da cesta de frutas que ficava no centro da mesa da sala de jantar.

Era pintada a spray de um verde brega e estava carregada de frutas artificiais. Era também um chamariz de pó. Certo dia, enquanto tentava limpar as uvas bulbosas, perguntei para Billye:

— Por que temos isso? É velho e pegajoso. Não podemos comprar algo que seja melhor que isso?

— Não é mera decoração — respondeu ela. — É uma decoração de abundância. Quando eu era muito jovem, houve uma terrível depressão neste país. Era uma época em que as pessoas falavam como incompetentes e contavam os dias até perderem tudo. Quem passasse tempo com elas logo ficaria com medo também. Ainda que as fazendas de papai estivessem dando colheitas e o posto de gasolina estivesse cheio, ele se deixou influenciar por isso. A conversa à mesa do jantar sempre era sobre economia e quem estava indo à falência.

— Um dia, mamãe, sua avó Hattie, voltou para casa da loja de miudezas com esta cesta de frutas. Representava prosperidade, algo sobre o qual todos precisávamos pensar. Colocou-a no meio da mesa e esperou que alguém perguntasse a respeito.

— Quem disse algo? — perguntei.

— Ficou lá por três noites, até que papai perguntou o que era aquilo. Queria saber por que ela não estava pondo flores frescas em cima da mesa como antes.

— É o que eu estava pensando — disse eu.

— Sua avó Hattie fez um discurso naquela noite que mudou para sempre nossa família. Disse que a conversa em torno da mesa estava nos puxando para trás e nos fazendo trabalhar sem parar. Destacou que eram vastas as terras que nos pertenciam e que tínhamos boa saúde. Então, levantou-se e anunciou que a partir desse momento, para nossa família, a depressão tinha acabado. Tomou a decisão que precisávamos mudar de conversa e continuar com nossa vida.

— E a depressão tinha mesmo acabado?

— Para nós, sim, porque a partir desse dia, nunca mais falamos sobre miséria ou escassez à mesa do jantar — disse ela. — Em vez disso, começávamos cada refeição com uma conversa sobre o progresso feito no dia. Pelo resto da década de 1930, encontramos oportunidade a torto e a direito.

— A recuperação começou com esta cesta de frutas — disse Billye. — A Grande Depressão não terminou um dia em 1942, porque o presidente anunciou pelo rádio. Terminou família por família quando mães como a minha colocaram essas cestas no meio da mesa e declararam que havia terminado.

Depois disso, vi a cesta de frutas pelo que era: uma conversa para o bem, uma lição de liderança sobre o poder de nossas palavras e o impacto que têm em nossa vida. Você também pode ter tido uma à mesa de sua avó ou bisavó.

Agora você sabe por quê.

As palavras e frases que você usa fazem as conversas moverem-se para frente, para o lado ou para trás. Se você injetar negatividade nas conversas com os outros, gerará pensamento negativo em si mesmo e em seus parceiros.

Em *Unstoppable Confidence* (Confiança Imparável), Kent Sayre, perito em programação neurolinguística, escreve: "A língua não só reflete o pensamento, mas também o reforça".[7] Inicialmente é verdade, porque você gosta do som da própria voz e presta grande atenção a ela. Lembre-se também de que a mente subconsciente é uma intrusa em toda conversa que você tem com os outros. Toma notas cuidadosas e, com base em suas instruções verbais, produz sentimentos e respostas fisiológicas.

Quando você diz que as coisas estão indo de mal a pior, está minando seu próprio senso de confiança. Está involuntariamente se instruindo a ter uma perspectiva negativa sobre o presente e o futuro.

Suas palavras também têm um impacto em seus parceiros de conversa. Você influencia o tom e o humor e, por fim, molda a realidade. Suas constantes conversas negativas podem dissipar a energia e a vitalidade dos outros.

Em 2002, ao visitar um cliente, testemunhei essa verdade em primeira mão. Um CEO de uma empresa de software reclamava que sua equipe não tinha determinação. Os membros da equipe eram prontos em admitir a derrota e dar desculpas por cada revés. A cultura da empresa estava se deteriorando, e o culpado, segundo ele, era a quebra de empresas com negócios pela internet.

Mais tarde, naquele dia, observei seu comportamento quando se dirigia aos empregados em uma reunião semanal. Concentrou-se nas más notícias, nos obstáculos e nos pontos fracos da empresa e de seus funcionários. Não ofereceu nenhuma razão para todos acreditarem que a empresa teria sucesso. Não assumiu responsabilidade pessoal pelo problema. Mas, em vez disso, culpou a indústria como um todo e deu a entender que os que o ouviam eram parte do problema. Não sorriu uma única vez.

Estando no fundo da sala, sussurrei a um dos vice-presidentes:

— Parece que ele está de mau humor hoje.

— Ele faz esse mesmo discurso há mais de um ano — respondeu o vice-presidente.

Nesse momento, percebi por que a moral dos empregados estava baixa. Para citar John Maxwell, o escritor de liderança, quando a cultura da empresa está em decomposição, "o fedor começa pela cabeça!".[8] Esse discurso do CEO colocou-o em um estado de *loop* de destruição, no qual suas palavras negativas criaram um estado de humor deprimente, que lhe minou a confiança na equipe e, ao longo do tempo, o tornou ainda mais negativo.

Mesmo que você não deprima as pessoas, sua conversa negativa certamente as afastará. Ninguém deseja conversar com um depressivo. No fim, as pessoas acabarão evitando você ou, pior, lhe devolvendo a negatividade com críticas ardorosas. Isso reduzirá sua autoconfiança, porque as opiniões negativas dos outros o farão sentir que há algo de errado com você.

Por outro lado, se for um parceiro positivo na conversa, sua equipe será mais otimista e seu estado de espírito mais alegre. Talvez não consiga sair de uma crise falando com ênfase sobre o lado brilhante, mas pode direcionar o diálogo em direção a soluções, o que sempre acrescenta uma dose de confiança à composição.

A chave da conversa positiva é projetar sua perspectiva confiante, escolhendo as palavras certas, dizendo-as em tom de voz apropriado e assumindo um papel construtivo. Alinhe todos estes três componentes da conversa, e gerará entusiasmo e coragem nas pessoas (e em si mesmo), como você verá no restante deste capítulo.

PODE SEU VOCABULÁRIO

Primeiro as primeiras coisas: Você precisa eliminar palavras e frases "fracas" do seu vocabulário pessoal. Tomemos a palavra sorte. Quando diz que alguém teve *sorte* quando alcançou sucesso, está dando desculpas pela realização dessa pessoa. A utilização dessa palavra tende a mistificar o sucesso e, por conseguinte, tornar impossível que os outros o alcancem propositadamente.

Abandone o Linguajar da Falta de Sorte

Em *A Mágica de Pensar Grande*, David Schwartz confronta este modo de falar quando escreve: "Vença as Esquisitices da Sorte. [...] Aceite a lei de causa e efeito. Observe bem o que parece ser a 'boa sorte' de alguém".[9] As leis da física, não da sorte, determinam o pulo da bola. "A abordagem *é assim que a bola pula* não nos ensina nada."[10]

Em minhas viagens, o nome de Mark Cuban, fundador da Broadcast.com, surge muitas vezes. Tive minha grande oportunidade nos negócios quando fui trabalhar para ele em 1998. Vendeu a empresa Yahoo! no auge da euforia das empresas que negociam pela internet, tomou um bilhão de dólares acima da tabela e hoje possui outras empresas, inclusive o time de basquetebol Dallas Mavericks da NBA. "Uau, Mark foi sortudo!" é um comentário que ouço dezenas de vezes, mas nunca ouvi sair da boca de um verdadeiro empreendedor.

A verdade é que Mark não teve sorte; foi inteligente e decisivo. Fortaleceu agressivamente os ativos da empresa, fez excelentes negócios com a Yahoo! e, então, teve a perspicácia de vender as ações no momento certo. Claro que teve pequena ajuda do mercado de ações e de conselheiros e parceiros. Mas chamá-lo de sortudo desrespeita a lei da causa e efeito. Seu objetivo era o sucesso o tempo todo.

Estreitamente relacionado com a palavra sorte estão outras pertencentes ao linguajar da falta de sorte, como *perda, falta, preocupação/preocupado, temo que* ou *se ao menos eu pudesse*. Todas essas palavras ou expressões sinalizam um sentimento de derrota, fala típica dos "seguidores" ansiosos. Fale bastante sobre o que lhe falta, e logo as únicas pessoas que sairão com você são as que falam a mesma língua. Peale exortou os leitores a eliminar especificamente as queixas das conversas, quando escreveu: "Corte as pequenas preocupações e as expressões de ansiedade" como os raminhos do topo de uma árvore alta.[11] Se você estiver realmente preocupado, partilhar as preocupações com os outros é como compartilhar uma gripe para ajudar você a sentir-se melhor. Você não se sente melhor. Apenas fez alguém se sentir pior.

Pare de usar palavras de dúvida. Elas cerceiam as conversas a ponto de não terem sentido. A pessoa confiante fala com ressalvas e compromete-se muito pouco. Entre as palavras de dúvida estão *talvez, pode ser, quem sabe?, de alguma forma, suponho, sem ofender, digamos que, se, improvável, provavelmente, é possível, poderia ser, parece, acho, me leva a pensar* e assim por diante.

Se você quer projetar confiança, diga o que quer e diga diretamente. Você descobrirá que assim que as palavras de hesitação sumirem, as declarações confiantes permanecerão. Um modo de examinar o vocabulário é auditar os e-mails que enviou em um dia desafiante ou estressante. Você usou palavras de poder ou de falta de sorte? É boa ideia fazer auditoria em seus e-mails periodicamente para avaliar sua melhora. Sam Knoll, funcionário da Novell que fez um dos meus cursos de capacitação por e-mail, fez isso e, em menos de noventa dias, viu mudança extraordinária em seu vocabulário e um benefício adicional: "Quando revi três dias dos meus e-mails, fiquei boquiaberto com minha linguagem sem personalidade. Imprimi vários e-mails e circulei as palavras fracas e o linguajar de falta de sorte. Em apenas algumas sessões de leitura, percebi que futuramente precisava fundamentar minhas observações de forma diferente. Melhorar a consistência, bem como a gramática. Hoje, meus e-mails são nítidos e autoritários. São também muito mais curtos!".[12]

Outra categoria de linguajar fraco é a variedade máquina do tempo. Quando você evoca "antigamente", está ficando nostálgico, não é a melhor maneira de pensar sobre o passado. Hoje é o dia, e para o autoconfiante, amanhã será ainda melhor.

Quando você fala que o sucesso chegará para você "um dia" (por exemplo, "um dia, serei reconhecido e promovido"), pode também dizer "com um pouco de sorte". A expressão um dia faz um mistério do futuro. Se você quer falar sobre sucesso no futuro, fale de causa e efeito: "Quando eu bater todas as minhas metas no trabalho, serei promovido". Essa é a maneira confiante de falar!

ENTONE UM TOM POSITIVO

Em cada conversa, tem uma escolha: terá um tom positivo ou negativo? Você faz essa escolha na saudação ou na resposta. Por exemplo, quando alguém pergunta: "Como vai?", ou: "Tudo bem?", a resposta ditará o curso da conversa desse ponto em diante, a menos que seu parceiro de conversa não esteja escutando.

Mais do que pensa, a outra pessoa está ouvindo. Quando você responde: "Estou indo", ou: "Mais ou menos", você está estabelecendo a falta de confiança. Isso é ainda mais provável quando as circunstâncias forem realmente um desafio. Por chamar a atenção ao estado da economia, aos seus medos ou desenvolvimentos negativos, você muda o assunto da conversa, passando do progresso para os obstáculos.

Reclamar da saúde para quem não é médico também é uma forma de conduzir a conversa em direção à negatividade. Você nunca se sentirá melhor por se queixar da dor nas costas. Na verdade, se sentirá pior quando instrui o subconsciente a concentrar-se nas dores e sofrimentos.

Uma forma de conduzir a conversa em direção à positividade é responder à pergunta superficial: "Como vai?", com uma resposta honesta, mas positiva. Quanto mais específica, melhor. Recentemente, quando alguém me perguntou como eu estava, respondi:

— Ótimo! Estou trabalhando em meu livro hoje e estou cheio de ideias para o capítulo que estou escrevendo.

Isso sinaliza dinamismo e faz a conversa projetar um tom de progresso.

Quando começar uma conversa, faça uma pergunta que exija uma resposta positiva, como: "Quais são as novas?". Esse é o conselho que Dale

Carnegie deu aos estudantes que ensinam adultos. Admoestou-os a manter o discurso fora dos tempos difíceis e na direção do progresso. Keith Ferrazzi, escritor e consultor de marketing, inicia as conversas assim: "Em que você está trabalhando hoje em dia?" Suas conversas acabam enfocando as oportunidades, os projetos empolgantes e os interesses pessoais das pessoas com quem conversa.

Quando a conversa começar com problemas, encaminhe-a em direção às soluções. Queixar-se do problema é expandi-lo na sua mente e na mente da outra pessoa. Determinar o culpado ou criticar alguém pelo problema é congelar a conversa no passado.

Quando trabalhei como chefe de soluções na Yahoo!, eu era enviado para tratar de situações críticas, como a perda de um grande cliente ou a necessidade de lidar com um mal-entendido de milhões de dólares com um parceiro comercial. Tínhamos um grupo de jovens trabalhadores, muitos deles com falta de experiência na administração de crises na vida real. Era o que dava de ver estampado no rosto. Quando me contavam qual era o problema, nunca respondia verificando uma lista do que nos faltava ou estávamos enfrentando. Em vez disso, eu começava a conversa dizendo:

— Primeiro, vamos enumerar com que temos de trabalhar. De que recursos podemos nos servir para tratar desta situação?

Em vez de comunicar: "Primeiro, *nos falta*", proclamava: "Primeiro, *temos*". Na rápida preparação, a preocupação era convertida em emoção quando a conversa tornava-se centrada nas soluções. Sempre que possível, injete palavras positivas ou decisivas na conversa. Uma das palavras mais positivas que você pode usar é *sim*. Use-a tão frequentemente quanto possível. Ela evoca concordância e apoio. *Certamente, definitivamente, exatamente, precisamente* e *seguramente* são palavras que também denotam confiança ou apoio. Quando falar sobre os outros, use palavras de incentivo, mas seja autêntico. "Que bom!" é uma forma positiva de responder quando você fica sabendo do sucesso de outra pessoa.

Uma maneira semelhante a de Peale para mudar de conversa é injetar declarações de confiança em outras pessoas. Apoie seus companheiros de equipe, declarando sua convicção de que eles serão bem-sucedidos. Isso incentivará os seus parceiros de conversa e reforçará o sentimento de confiança total. Nunca critique pessoas que não estejam presentes para defender-se ou explicar-se. Nunca preveja que a outra pessoa fracassará.

Além das palavras, deixe que a inflexão da voz e a linguagem corporal apoiem sua percepção positiva. Sorria, movimente a cabeça afirmativamente para dar incentivo e demonstre abertura. Meu cachorro estabelece um tom positivo quando interagimos. Sacode a cauda em aprovação e sempre funciona! Não deixe que as frases que você diz desapareçam no silêncio como pedras caindo em um precipício. Que suas palavras sejam como uma oração, sempre subindo.

Você pode ter um meio de comunicação social, como um Facebook ou Twitter ou blog. Faça posts de conteúdo e tom positivo. Declare: "Hoje somos ricos!". Tenho certeza de que se Billye tivesse Facebook, "Hoje somos ricos!" seria seu eterno post. Não seja o arauto da cidade, que sempre posta links para perturbar os desenvolvimentos da política ou da notícia. Use sua influência social da internet para "acentuar o positivo", nas palavras do compositor Johnny Mercer.

SEJA COLABORADOR

O papel que você assume em uma conversa determina a direção que ela toma. Seja um construtor de ideias, não um destruidor de sonhos. Seja parceiro, não detrator. Seja colaborador, sempre que possível.

Qual é o oposto do colaborador, construtor e parceiro? O advogado do Diabo, que é muito comum. Muitas vezes na vida, as pessoas responderão a uma de suas ideias, dizendo: "Agora, deixe-me bancar o advogado do diabo com você". Elas não têm ideia do que estão falando.

O conceito do advogado do Diabo foi criado no século XVI para garantir a qualidade dos candidatos considerados para canonização ou santidade. Um oficial da igreja atribuía o papel a um advogado, e o advogado seria encarregado de elaborar um processo *contra* o candidato, baseado em grande parte no caráter do candidato. Geralmente, o candidato era um dos homens ou mulheres mais reverenciados na comunidade e considerado irrepreensível. O trabalho do advogado do Diabo era bisbilhotar com a intenção de desenterrar sujeira para testemunhar contra a pessoa santa. É por isso que se chama advogado do Diabo. A maioria dos advogados recebia o convite para assumir esse papel apenas uma vez na carreira. Não era uma função para a qual uma pessoa inteligente se voluntariaria!

Hoje, pressupõe-se que o advogado do Diabo seja um parceiro de conversa proveitoso. Se faz anos que este pressuposto tem feito parte do seu kit de ferramentas de conversa, deixe-me convencê-lo a abandoná-lo o mais rápido que puder. Quando você interrompe alguém na primeira oportunidade para graciosamente assumir o papel de advogado do Diabo, está iniciando um debate, não uma conversa. Você faz objeções com um tom de voz que sugere: "Você já considerou o óbvio?", quando na verdade a pessoa já considerou essa oposição desde o início.

Embora pense que está impedindo um desastre, as pesquisas mostram que os advogados do diabo estão promovendo a crença de que as pessoas estão certas e que você está contra *elas* (não contra a ideia). Você deve responder com sua objeção somente quando realmente não concordar com a premissa da ideia, não meramente com os pontos mais sutis. Se interromper a conversa com uma avalanche de controles da realidade, irritará as pessoas e provocará emoções negativas. Isso reforçará sua dúvida nelas e fará com que você se pergunte: *Será que sou a única pessoa inteligente aqui?*

Nunca encontrei advogados do Diabo com muitas ideias boas. Em geral, estão compensando a falta de criatividade, sendo pedantes. Com o tempo, essa negatividade os isola, como ideias que as pessoas evitam. Acabam com um ponto de vista que é antimudança, antirrisco, antinovo. Predominantemente, vejo "Posso bancar o advogado do Diabo por um minuto?" como forma de pedir permissão para pôr alguém na defensiva, que é uma forma psicológica de *bullying*.

A próxima vez que alguém lhe falar casualmente sobre uma ideia que ele tiver, deixe-o falar até o fim. Você pode estar preocupado que sem o advogado do Diabo, teremos um monte de erros no mundo, mas há uma alternativa. No final da descrição, peça-lhe que cite alguns obstáculos que o plano precisa vencer. Quase sempre, ouvirá os mesmos obstáculos que lhe ocorreram quando ouviu a ideia exposta na primeira vez. O tom, no entanto, será positivo, enquanto o falante estabelece a objeção e propõe a solução, porque é ele que está conduzindo a conversa.

Tanto na comédia da improvisação quanto na inovação dos negócios existe um dispositivo de colaboração chamado de rotina "sim, e". Quando uma pessoa sugere algo, firme-se nisso e diga: "Sim, e então devemos fazer isso", ou: "Sim, e então podemos entender desta forma". Assisti aos comediantes Louie Anderson e Kyle Cea fazerem isso um dia durante o almoço em uma de suas clínicas de Stand-Up Boot Camp (Campo de Treinamento de Monólogo de Comédia), onde dei uma palestra. Fizeram uma brincadeira simples e a expandiram em uma sátira completa.

— Fazer a abordagem "sim, e" deixa a linha aberta para ideias criativas — disse-me Louie mais tarde. — A primeira vez que alguém intervém com uma pergunta "mas, e quanto a", a linha de pensamento é cortada.

Em algum momento, seu parceiro criativo terá de fazer um lançamento ao banco ou ao chefe, cujo papel é abater as ideias para minimizar os riscos. Deixe essa pessoa ser o "bandido". Seja você o construtor de ideias, o explorador de conceitos e o promotor da inovação. Você descobrirá que gerará motivação interna e externa e levará os outros a vê-lo como grande pessoa de quem saltam ideias.

CONFRONTE OS GALINHOS

Uma pessoa de mente negativa pode minar a cultura de um grupo inteiro. Isso é especialmente verdadeiro durante tempos de dificuldade, quando a paranoia é vista como forma de prudência. Chamo essas pessoas que têm pontos de vista pessimistas ou um senso expresso de desgraça iminente de "galinhos chicken little" ("O céu está caindo! O céu está caindo!" uma referência ao desenho animado *O Galinho Chicken Little*).

Pouco importando quão bem você manipule seu lado da conversa, em algum momento terá de dar um passo adiante e mudar de conversa. Não espere que os galinhos sigam o seu exemplo, visto que podem aproveitar as emoções do medo e da raiva que os outros sentem mais rápido do que você pode inspirar ou dar esperança.

Em 2001, Greg Coleman deixou o *Reader's Digest* (Revista Seleções) para chefiar as operações norte-americanas na Yahoo! Por mais de três décadas ele sobrevivera a múltiplas recessões e dezenas de rodadas de mudança de mercado. Quando veio para a Yahoo!, imediatamente percebeu que a maioria dos gerentes estava assustado pela economia e, em 2003, por um concorrente chamado Google.

— É como um programa sócioeducativo e de recapacitação profissional — disse-me. — Todo mundo está agindo como se estivéssemos em luta pela sobrevivência. Não estamos! Temos de inverter esta conversa para que seja positiva. Os galinhos têm de ir para a panela!

Todos os dias, Greg recebia mais de cem e-mails internos, muitos de funcionários paranoicos que "pensavam que ele gostaria de saber esta má notícia". Destacava os reincidentes, imprimia os e-mails, escrevia a palavra *Galinho* no topo com um pincel anatômico e os devolvia via malote. Não demorou muito para que a mensagem se fizesse entender!

Um dos gerentes de Greg ficou tão inspirado por este ato de liderança que mandou confeccionar um carimbo de "Galinho" para carimbar todas as notas negativas que recebia e, em seguida, publicá-las no "muro da vergonha" que ficava na área pública da empresa.

Depois que compartilhei esta história no Leader ship Summit 2004 da Associação Willow Creek, o empresário de um pequeno negócio levou a sério e também mandou confeccionar um carimbo. Em menos de um ano, observou uma mudança de estado de espírito no trabalho: "Recompense o comportamento e você terá mais do mesmo. Até ouvir você falar, eu tratava a brigada de más notícias como algo que valorizasse a empresa, assim como o proprietário de um ferro-velho trata seu pit Bull por latir por causa de estranhos. Hoje, recompenso as pessoas que trazem boas notícias, e a cultura da empresa está mais forte do que nunca. As pessoas estão felizes por trabalhar aqui e estamos mantendo o foco na solução, não no problema".

Napoleão Bonaparte disse: "O papel do líder é descrever a realidade e dar esperança".[13] Se você deseja liderar as pessoas, empurre a conversa na direção do equilíbrio, não na direção da falta de equilíbrio por medo e preocupação. A "realidade" é definida pelos detentores do poder e, então, seus elementos negativos amplificam-se em toda a organização. Eis por que a adversidade pode provocar pânico nas tropas. Há demasiados galinhos e insuficientes da Vincis. Quando você confronta os negativistas e pessimistas, está mudando de conversa.

Para tirar a empresa da rota da desgraça e destruição, meu amigo Eric mudou de conversa criando um clube de leitura com seus representantes de vendas mais bem cotados. Debatiam os livros que estavam lendo, falavam o que estavam aprendendo e, depois, aplicavam esse conhecimento às suas respectivas situações. Foi um esforço simples que produziu resultados inesperados.

— Depois de escolher uma página de um dos livros do clube de leitura, *Good to Great: Empresas Feitas para Vencer*, estabelecíamos um valor central para nossa região de vendas, no qual focássemos e sobre o qual ficássemos motivados: As pessoas são nossa prioridade! — disse-me Eric durante uma de nossas "sessões de aconselhamento".

— As pessoas da empresa? — perguntei.

— Todas as pessoas que cruzam nosso caminho — respondeu ele. — Clientes, parceiros, qualquer pessoa. Estamos comprometidos a fazer uma diferença positiva na vida delas alugando salas comerciais como plataforma para passar o tempo juntos.

— Excelente abordagem — disse. — Dando para enriquecer.

— Exatamente — respondeu ele. — Isso tirou nossa mente das notícias e para o mundo das soluções de pessoas. Ajudamos os empresários desempregados a encontrar dinheiro e emprego. Ajudamos parceiros a encontrar novos clientes.

— Como vão os negócios? — perguntei, mudando o foco de dar para ganhar.

— Aqui está a maravilha — disse. — Saímos do vermelho em dois trimestres, principalmente em virtude das indicações que recebemos e de uma prospecção verdadeiramente intensa da minha equipe. Temos um quadro no escritório que controla a queda do "maná" em nossa região todas as semanas.

— Então, o estado de espírito no trabalho melhorou? — perguntei. (Afinal, 2002 não foi um bom ano, visto que a recessão continuou e muitos perderam a esperança de que as coisas voltassem um dia ao normal no mundo da tecnologia.)

— Estamos empolgadíssimos! — disse, com o zelo de um Eric "estrela" que conheci nos dias passados. — Acreditamos em algo maior, algo muito mais poderoso do que fazer dinheiro. Estamos focados em ajudar as pessoas, o que nos faz esquecer de nós mesmos. Pode imaginar a diferença que isso faz no mercado?

— Então, você está agindo com mais agressividade que a concorrência?

— É mais do que esforço — respondeu. — Ao nos concentrar na criação de oportunidades para os outros, já ganhamos mais negócios nos últimos seis meses do que inúmeros telefonemas frios poderiam ter rendido. Estamos também alugando com maior lucro. Nossos clientes nos querem para ter sucesso.

Isso é que é mudar de conversa na prática. Não diz respeito apenas à conversa; diz respeito a como mudar o futuro para melhor.

6
Princípio iii

EXERCITE O MÚSCULO DA GRATIDÃO

Há ALGUNS ANOS, durante o jantar, meu filho Anthony expressou a intenção de deixar o trabalho para explorar pastos mais verdejantes. Trabalhava como "Gênio" (profissional que conserta e faz manutenção de computadores) em uma das principais lojas da Apple em Los Angeles. Foi o primeiro emprego que arranjou depois de concluir a universidade, e tinha se empenhado arduamente para conseguir a vaga, derrotando centenas de outros candidatos.

— Estou pensando em deixar a Apple — anunciou, entre uma garfada e outra. — Eles não reconhecem o que faço como costumavam fazer. Os turnos de trabalho são estabelecidos no último minuto, e recentemente, estão me fazendo trabalhar nos finais de semana. Posso fazer melhor que isso.

Aturdido, deixei o garfo cair. Tínhamos nos vangloriado com nossos amigos durante meses sobre a maravilhosa oportunidade que Anthony tinha na Apple. Tinha certa participação acionária, plano de saúde avantajado e um salário que eu apenas podia sonhar em meus vinte anos. Para um tecnólogo fissurado em design como Anthony, a Apple é sem dúvida um dos melhores lugares do mundo para trabalhar.

— E o ambiente — continuou. — Está ficando negativo. A Apple tem regras severas para consertos e devoluções, o que me deixa exposto ao recebimento de reclamações bastante intensas de nossos clientes. Já não fico com vontade de ir trabalhar todos os dias como antes.

— O que você vai fazer? — perguntei.

— Qualquer coisa que quiser — respondeu. — Posso conseguir um emprego em qualquer empresa de manutenção de computadores ou ser um varejista lá. Todos vão me querer por causa da minha experiência com a Apple. Temos o que todos querem.

Minha primeira inclinação foi me lançar em uma palestra sobre como a Apple é incrível. Nessa época, fins de 2008, o lugar mais empolgante no comércio eram as lojas da Apple. O sucesso da empresa com o iPhone dominava as manchetes de todos os lugares.

Mas quando estava prestes a abrir a boca, contive-me, percebendo que não haveria palavras que eu dissesse que mudassem o ponto de vista de Anthony. Lembrei-me também de um velho ditado dos meus tempos de Yahoo!: "Sentimentos são fatos". Não são opiniões oferecidas para meu julgamento ou correção. Para alterar a perspectiva do meu filho, eu precisava criar uma experiência para que ele mudasse a maneira como se sentia quanto a trabalhar na Apple.

Já tínhamos planejado passar o dia seguinte indo a certos lugares relacionados à inspeção programada e registro do seu carro. Usava nosso tempo juntos como oportunidade para encenar para Anthony uma experiência Dickensiana de "empregos do passado, presente e futuro".

Descendo de carro pela Sunset Boulevard, em West Hollywood, passamos em frente da loja de materiais de construção e decoração, onde ele tinha trabalhado quando estava na escola.

— Você poderia ter seu antigo emprego de volta — disse. — Aposto que gostariam muito de tê-lo de volta. Você está em excelente forma física como sempre.

— Eca! — respondeu.

Vimos alguns empregados com cintos para levantamento de peso, carregando enormes sacos de cimento no caminhão do empreiteiro. Estavam suando profusamente.

— Chamam esses caras de *presos* — disse Anthony. — Eles farão isso a vida inteira só para terem um cheque semanal e assistência médica. É trabalho extenuante. Por falar nisso, não quero trabalhar com as mãos outra vez.

Lembro-me de sorrir para mim mesmo e pensar: *um já foi, faltam dois.*

Depois do almoço, paramos em uma papelaria para comprar envelopes e mídias em branco. Era um lugar cavernoso, vazio de clientes e mortalmente silencioso. Os empregados encaravam o espaço desinteressadamente, alguns passando o tempo brincando com o telefone sem fio.

— Que tal esse lugar? — perguntei-lhe. — Aposto que eles fariam o impossível para ter um cara com sua experiência no departamento de informática. Você conseguiria negociar para trabalhar só nos dias de semana.

Você está brincando? — respondeu-me. — Este lugar é um necrotério. Morto. Além disso, não vai a lugar algum. Lugares como este estarão fechados em poucos anos. Por causa dos iPhones e computadores, não precisamos mais de papel, pastas de arquivos, clipes de papel ou canetas. Este lugar parou na década de 1980.

— Todas as lojas morrem às vezes — contrapus. — Você disse que queria trabalhar em um lugar em que fosse reconhecido, e aposto que seria muito querido aqui!

— Não vem que não tem — disse. — Em minha loja, atendo músicos e estrelas de cinema, pessoas de sucesso e vendo a eles a vanguarda da tecnologia; não bloquinhos e grampeadores!

Dois já foram; ele está prestes a mudar de opinião.

Nossa última parada foi no temido Departamento de Trânsito, onde passamos uma hora ou duas em várias filas enquanto preenchíamos todos os formulários relacionados a obter a renovação do registro do seu carro.

Era um lugar sujo, cheio de pessoas impacientes e composto de funcionários que, pareceu-me, não davam a mínima para oferecer uma experiência de serviço positivo. Atendentes mascando chicletes informavam desapaixonadamente os requerentes que eles estavam na fila errada ou não tinham a documentação necessária.

— Este é um lugar onde você poderia se destacar! — proclamei. — Poderia aplicar a experiência Gênio da Apple, e eles colocariam você no cargo em menos de um ano. Encheriam você de prêmios e lhe dariam um horário muito bom de segunda a sexta-feira.

— Você está falando sério? — respondeu Anthony. — Isso aqui é horrível. Nunca tratei de cara amarrada os clientes como estas pessoas estão tratando no Departamento de Trânsito. E olhe as pessoas com quem eu trabalharia; sem chance! Não se importam conosco nem um pouco e não parecem se preocupar uns com os outros também.

Passou, então, a explicar quanta camaradagem havia entre seus colegas de trabalho, seus interesses comuns e a paixão em resolver os problemas dos clientes. Muitas vezes, saíam para comer juntos depois do trabalho e socializavam-se nos fins de semana. Durante o trajeto, ao voltarmos para minha casa, Anthony falou sobre como é trabalhar na Apple e a gratidão por seu trabalho começou a mostrar-se.

— Talvez a Apple ainda seja uma grande oportunidade, apesar de tudo — disse. — Fiquei muito feliz por ter esse trabalho logo no início e ainda é a melhor empresa do mundo. Eu estava apenas um pouco cansado, acho.

Ao final do dia, ele estava totalmente comprometido outra vez com a Apple, e trabalha lá feliz enquanto escrevo estas linhas. Está agora em sintonia com o que está indo bem e quanto tem de ser grato pelo trabalho. Teve de renovar sua gratidão desde então, porque precisa constantemente de atenção, mas agora ele mesmo a renova.

Como diria Billye, Anthony perdeu a gratidão por negligência, mas com um pouco de exercício, a tem de volta! Esse foi um dos conceitos de confiança preparado em casa, que ela se referia quando minha atitude em relação a uma oportunidade era medíocre.

— A gratidão é um músculo, não um sentimento — disse-me ela um dia durante meu penúltimo ano do Ensino Médio. — Se fosse um sentimento, você a sentiria o tempo todo, não?

Como Anthony, me queixara do meu trabalho. Eu era DJ na estação de rádio da cidade. Implorara por esse trabalho (e pelo alto perfil que me oferecia). Mas, poucos meses depois, cheguei à conclusão de que meu turno de fim de semana à noite estava arruinando minha vida social.

— Você tem que exercitar o seu músculo da gratidão todos os dias se quiser *se sentir* grato — continuou Billye. — As pessoas que não se dedicam a exercitar este músculo ficam espiritualmente flácidas no decorrer do tempo e se esquecem de apreciar as mesmíssimas coisas que tanto desejavam. A alma dessas pessoas sai de forma sem exercício adequado.

No transcurso dos anos, percebi que ela estava certa. Você não pode mudar o que sente, mas pode mudar os hábitos diários para fortalecer o *senso* de gratidão, o que, então, produzirá sentimentos de gratidão que revigorarão você.

Considere o empregado recentemente contratado. Está muito feliz só por ter conseguido o emprego. No primeiro dia, ele flutua no trabalho, leve como uma pluma. Sente-se grato pela oportunidade. Caminha com energia sem limites para fazer suas tarefas, muitas vezes extravasando comentários positivos:

— Dá de acreditar? Café à vontade!

Ou:

— Gosto deste trabalho! Não acredito que estou sendo pago para trabalhar aqui.

Anos mais tarde, se não exercitou o músculo da gratidão no trabalho, a atitude muda para pior. Para outro novo funcionário que se mostra feliz e saltitante, ele resmunga:

— Menos, menos. Não é tão bom como parece. Se você não sossegar o facho, vai fazer a gente se sentir mal.

É o que a falta de atenção ao músculo da gratidão faz com você. Gratidão é uma habilidade formada através de exercício e foco. É a capacidade de perceber, receber e produzir as emoções positivas do agradecimento.

Depois de uma grande experiência ou sorte inesperada, você experimentará um ímpeto de gratidão temporário, tal como uma bebida energética que lhe dá um solavanco de vitalidade. Mas com o passar do tempo, desaparece.

Para fortalecer um músculo, seja físico, emocional ou espiritual precisará atarefá-lo e retesá-lo. Neste caso, precisa trabalhar o músculo da gratidão para produzi-la como seu pensamento dominante.

Agora quero falar sobre um plano que dará ao músculo da gratidão um treinamento sério. Esse treinamento tem três partes: entrar em sintonia, cavar mais fundo e expressar gratidão.

ENTRE EM SINTONIA

A diferença entre uma pessoa grata e uma ingrata reside na percepção: uma vê uma vida de beleza; a outra vê uma vida de escassez. Isso explica por que alguém que é paupérrimo encontra alegria apesar de suas circunstâncias, ao passo que muitas pessoas ricas são infelizes apesar de seus recursos praticamente ilimitados. Isso também explica por que muitos que estão doentes ainda encontram esperança, enquanto que muitas pessoas saudáveis focam apenas os obstáculos da vida.

Quando temos uma razão significativa para observar a generosidade, como uma promoção no trabalho, é fácil deixar a gratidão inundar nossos sentidos. Mas muitas vezes perdemos as mais sutis vitórias na vida, porque não fazemos o esforço de observar e valorizá-las.

Mas isso é compreensível, dado o mundo em que vivemos. Centenas de mensagens de marketing são dirigidas a nós diariamente. Temos listas de coisas a fazer e leituras obrigatórias que distorcem nossa percepção. Nossas funções e obrigações clamam por nossa atenção. Para a maioria de nós, a abordagem *padrão* na vida é prestar atenção ao que é "feio" e urgente e viver no modo de sobrevivência.

O que precisamos fazer é instruir o subconsciente, a grande unidade de disco rígido e processador em nossa cabeça, a observar e registrar a beleza em nossa vida. Maxwell Maltz escreveu: "É o *pensamento consciente* que é o 'botão de controle' da máquina inconsciente".[1] Ainda que não possamos programar nossos sentimentos diretamente, quando dirigimos o subconsciente a entrar em sintonia com o que é bom na vida, estamos influenciando-os intensamente.

Quando se trata de encontrar razões para ser grato, ajuda fazer o exercício que chamo de abordagem POEC, que quer dizer Pessoas, Oportunidades, Experiências e Coisas. Penso nesses itens como avenidas de apreciação. Coloco Pessoas em primeiro lugar, porque tomar nota da importância que exercem em nossa vida alimenta a confiança que temos nos outros. Coloco Coisas em último lugar, porque fazem com que nos concentremos nos bens materiais que podem estar escassos ou ser-nos tirado completamente.

Como você sabe que precisa sentir gratidão? Quando alguém ou alguma coisa lhe dá um pensamento positivo, é um sinal claro de que você deve adicioná-lo à lista. Por trás de cada sorriso está algo para ser notado e apreciado. Isso também abaixa seu limite mínimo sobre o que é preciso para você ser grato. Aprenda a reconhecer uma "microemoção" ou uma afabilidade menor como item a ser adicionado à lista de razões para ser grato. Aqui está sua primeira lição: Faça uma lista diária de cinco "avenidas de apreciação" acerca de sua vida pessoal. Seja o mais específico possível. Evite generalidades, como tempo ensolarado ou estar vivo (embora não haja nada de errado em ser grato por isso). A verdade é que quanto mais especificamente você identificar cada item da lista e o que sente a respeito, melhor será o exercício. Anote essas observações em um diário ou em outro lugar ao qual seja fácil você voltar. Deixe amplo espaço abaixo de cada item da lista.

Faça isso com seu trabalho também. Escreva uma lista de cinco coisas que você aprecia acerca da função que desempenha no trabalho. Foque tanto quanto possível nas pessoas com quem interage e como apoiam você ou como você chega a apoiá-las. A gratidão fundamentada na função é grande gerador de apreço pelos colegas de trabalho, bem como pelo seu chefe.

Não será fácil no início, porque não estamos em sintonia com as coisas em nossa rotina diária. Em vez disso, estamos em sintonia com incêndios que precisam ser apagados. Se estamos ressentidos, estamos em sintonia com as coisas com as quais nos ressentimos.

Para completar a lista, roube uns momentos do seu devocional e olhe em volta em busca de razões para ser grato. A hora silenciosa permite que você identifique objetos de gratidão, que muitas vezes estão enterrados no engarrafamento de informações de sua vida. Reserve os últimos dez minutos da hora do almoço ou faça uma pausa à tarde para fazer esse exercício.

Uma maneira de fortalecer o músculo da gratidão é alterar a rotina diária. Quando estiver fazendo compras ou indo de carro para o trabalho, finja ser alguém que visita a cidade pela primeira vez. Faça compras em lojas diferentes, altere a rota ou o meio de transporte que usa para chegar ao trabalho. Quando você perturba a rotina da percepção, novas avenidas de apreciação, anteriormente enterradas no padrão da rotina diária, surgirão.

Dê uma agitada no trabalho também. Lembra-se de Eric Goldhart? Seu negócio sofreu outro abalo pela crise do mercado que teve início em 2008. Para combater o pânico econômico coletivo no escritório, usou a gratidão de empregados recentemente contratados como remédio. Ele e sua equipe reservam uma manhã por mês para reunirem-se como "novos empregados" e colaborarem para compor uma lista de todos os recursos e desenvolvimentos positivos que a empresa tem à disposição.

Depois da primeira reunião, viu resultados:

— A lista me deixou animado. Fazia meses que não me sentia assim. Como "novos empregados" pudemos deixar para trás toda a bagagem do último ano e meio. Estamos quase saindo pulando pelo corredor cheios de energia, motivação e paixão por estarmos nesta empresa durante este período particular da história.

Reexamine as coisas que você vê todos os dias para intencionalmente descobrir atributos positivos. Quando olhar um edifício, entre em sintonia com a arquitetura e fino acabamento. Observe a beleza que espraia aos seus olhos. No almoço, olhe para o prato de comida e veja um banquete, algo que seria apreciado por milhões de pessoas com fome em todo o mundo. Saboreie cada garfada. Não fique olhando o vazio no horizonte ao final do dia. Concentre-se na calma impressionante do pôr do sol. Realce as cores pastel.

Recrute um parceiro de exercício para este treinamento. Pode ser um membro da família, um amigo próximo ou um colega de trabalho. Faça um trato: todo dia você ajuda a outra pessoa a observar o que ela deve apreciar e ela faz o mesmo por você. É uma via de mão dupla. Não está procurando alguém que seja uma autoproclamada "voz da realidade" para pregar para você, e não deve ser isso para a outra pessoa.

Peça a Deus para ajudá-lo a ser um observador melhor, alguém que, em vez dos reveses, reconhece os frutos da vida. Em suas orações, Billye muitas vezes rogava a Deus que lhe desse sinais de que as coisas melhorariam e sabedoria para ver esses sinais e juntar forças.

No capítulo anterior, falamos sobre como evitar uma variedade de máquina do tempo de linguagem fraca, que está centrada no passado ou no futuro indefinido. Mas quando se trata de gratidão, uma mentalidade de máquina do tempo é uma coisa positiva. Pense em uma época em que você tinha muito menos para agradecer. Lembre-se de quando você pensou: *Se eu conseguir sair deste problema, ficarei feliz!* Pense na juventude, quando você dizia: *Se eu tiver um carro, uma casa, um bom trabalho, alguém que me ame... eu serei feliz.*

Concentre-se nessas lembranças, e em breve perceberá que, um dia, desejou o que é hoje. Você tem pelo menos algo do que sonhou antigamente, mas ao longo do tempo elevou o nível e se esqueceu dessas "pechinchas" que fazia na juventude.

Olhando para trás deste ponto privilegiado: *Hoje você é rico!*

Quando me sento apertado em uma poltrona de avião por horas, lembro-me dos tempos dos meus vinte anos, quando eu sonhava em viajar pelo mundo. Lembro-me de quanto eu queria ver os pontos turísticos e conhecer novas pessoas. Com o tempo, o exercício me enche de gratidão e me permite esquecer, pelo menos temporariamente, que estou bloqueado em cativeiro de viagem por algumas horas. Estico as pernas e a alma em um só movimento. Então, sorrio.

Agora pense sobre o futuro. Identifique uma oportunidade no próximo ano que possa acabar bem e possivelmente mudar a situação para melhor. Imagine como a bola pulará no seu caminho, como, de forma inesperada, as pessoas ajudarão você e como será bem-sucedido muito acima dos seus sonhos. Você pode fazer isso. Parafraseando Peale: "Se você pode se preocupar, então você pode imaginar o sucesso!".

Pense nas próximas férias ou em uma atividade de lazer e foque o quanto está ansioso por isso e como se sentirá bem. Pense nas paisagens, gostos e sons que experimentará e as pessoas com quem compartilhará esses momentos. É como lamber a colher horas antes de o bolo ser servido à turma.

À medida que inundar a mente com pensamentos de um futuro brilhante, se encontrará ansiando pela vida em vez de estar temendo-a. Você minorará as inconveniências ou as dificuldades do momento presente com a promessa de um amanhã melhor, e estará em sintonia com as possibilidades da vida.

CAVE MAIS FUNDO

Neste ponto do treinamento, está sintonizado e percebe as coisas pelas quais pode ser grato. Mas o ato de perceber usa apenas a camada superficial do músculo da gratidão. Como acontece com qualquer regime de treinamento, precisa ir além dos músculos superficiais para verdadeiramente tonificar e reunir forças.

Se você quer estimular a gratidão, precisará aprofundar-se em sua situação de vida. Precisará sondar as áreas da psique que normalmente não visita e com as quais se sente um pouco desconfortável, algo semelhante ao que ocorre quando um músculo raramente utilizado é alongado.

Erwin McManus, amigo e companheiro de escrita, desenvolveu um exercício para agitar a perspectiva de quem esteja se sentindo ingrato. Ele levanta esta questão: "O que você merece?" Na maioria dos casos, a resposta ponderada é forte: nada.[2]

A verdade é que merecemos poucas, talvez, nenhuma das coisas que queremos ou cobiçamos da vida dos outros. A resposta à pergunta do meu amigo reformula nosso ponto de vista e nos ajuda a entender que devemos ser gratos pelas coisas mais básicas da vida e nunca deixar que nossas expectativas definam nosso nível de gratidão.

Outra forma de cavar mais fundo é perguntar-se o que as pessoas de fora pensariam sobre a situação em que você está. Sentiriam pena ou teriam inveja de você? O que os menos afortunados pensariam sobre seu sofrimento ou oportunidade? Pensariam que você deixou de ser grato?

Recentemente tive um momento de descoberta, quando minha esposa e eu estávamos visitando Barcelona, Espanha. Nosso apartamento não tinha ar-condicionado e o clima estava quente e úmido. Não conseguia dormir por causa do calor, e após cinco dias encontrava-me mal-humorado, resmungão e queixoso das acomodações horríveis. Coitado de mim! (Durante esses dias em Barcelona, visitei as igrejas históricas, comi tapas deliciosos e assisti a jogos decisivos da Copa do Mundo com os alegres habitantes locais. Mas acho que o calor me deixou "esquecido".)

No último dia da viagem, estava tomando banho e ainda resmungando em voz baixa sobre os dias terríveis que eu estava tendo e mal podendo esperar para voltar ao conforto de minha casa. Tive até o pensamento bobo de desejar nunca ter feito esta viagem. Então, uma pergunta me ocorreu subitamente: *Se você postar fotos de sua viagem no Facebook com uma narrativa sobre o calor insuportável, seus amigos sentiriam pena de você ou o desejo de terem ido a Barcelona também?* A resposta veio como uma ducha de água fria: *Você é incrivelmente afortunado, embora um pouco suado. Milhões de pessoas com prazer trocariam de lugar com você, e muitos vivem em condições mais quentes em cenários muito menos belos!*

Ouvi, então, uma voz desaprovadora desde minha infância. Era a voz de Billye, lembrando-me de que nestas situações, "você pode ficar feliz nas mesmas calças que fica nervoso!"

Ocorreu-me que apenas cinco dias antes, recém chegado na cidade, ficara maravilhado com o desenho gótico do distrito Nascido, onde eu estava hospedado. Saboreara os sanduíches baguete de presunto e queijo, pelos quais a cidade era famosa. Contudo, de alguma forma, eu estragara tudo.

O que mudou? Nada, exceto que eu perdera a gratidão.

Tinha ainda poucas horas antes de irmos ao aeroporto para tomar o avião para casa. Por isso, me beneficiei de minhas novas perspectivas e saí para captar a beleza. Observei a arquitetura de Santa Maria del Mar, uma histórica igreja a poucos passos do meu apartamento. Senti o maravilhoso aroma da padaria no final da rua. Lembrei-me da arte que eu vira, das pessoas amáveis que eu conhecera e dos comerciantes que tinham feito o impossível para me servir.

Na hora que embarquei no táxi do aeroporto, eu estava com inveja de mim! Percebi como eu era afortunado por ter feito esta viagem. Com calor ou sem calor, esta era a única imagem realista que pude pintar.

Essa é outra forma de cavar mais fundo na gratidão: identifique a origem de todas as oportunidades, experiências e relacionamentos que você aprecia. O trabalho, a viagem maravilhosa que fez no ano passado, a casa, o carro. Todas essas coisas vieram de uma fonte que se importa com você e o tem em mente. A fonte imediata pode ser uma pessoa ou grupo de pessoas, mas em última análise, a fonte de todas essas coisas boas é Deus.

Em alguns casos, foi o incentivo dos outros que lhe deu a motivação de aproveitar uma oportunidade, desenvolver uma habilidade ou ir atrás de uma experiência específica. Ninguém consegue chegar a grandes alturas na vida sozinho. Sempre há uma fonte de apoio.

> **Quando você começa a exercer gratidão em direção a um "quem" e não apenas apreciação pelo "quê", você está ampliando a gratidão totalmente.**

Consulte a lista de "avenidas de apreciação". (Espero que um dia você tenha dezenas desses itens em um diário.) Ao lado ou em baixo de cada item, anote os nomes das pessoas que o tornaram possível.

Considere as intenções que tiveram quando deram a você, ajudaram-no ou apoiaram-no. Você se dará conta do quanto as pessoas se importam com você e querem que seja bem-sucedido e feliz. Quando começa a exercer gratidão em direção a um "quem" e não apenas apreciação pelo "quê", está ampliando a gratidão totalmente.

Isso aumentará sua perspectiva confiante. Pela gratidão, sentirá o poder de sua comunidade e como ela trata das deficiências que você tem. Quando atribui tudo o que tem a alguém, desvia de si a glória e começa a comemorar o poder de uma equipe sinérgica.

COMECE O DIA COM GRATIDÃO

Agora que você sabe como cavar mais fundo na gratidão, está pronto para um exercício diário que mudará sua vida: Toda manhã, ao acordar, faça da gratidão o primeiro pensamento. As horas em que está acordado definem o tom para o dia inteiro, direcionando o subconsciente para concentrar-se em algumas coisas e ignorar outras.

Em *A Mágica de Pensar Grande*, o psicólogo David Schwartz, escreveu: "Um humorista disse que a coisa mais difícil da vida é sair de uma cama bem quentinha num quarto muito frio".[3] O que ele quer dizer é que acordar pode ser um choque para o sistema. Mas se você dedicar apenas cinco a sete minutos todas as manhãs para o exercício que direi a seguir, começará levantando-se do lado da gratidão da cama em vez de resmungar: "Como vou vencer as dificuldades deste dia?"

Quando acordar, umedeça uma toalhinha em água fria. Para o máximo efeito, mantenha um paninho molhado na geladeira durante a noite. Torça o paninho para tirar o excesso de água e dobre-o em uma faixa de oito centímetros de largura.

Volte para a cama (arrume o relógio para despertar novamente, caso tenha medo de voltar a dormir) e coloque o paninho frio sobre os olhos. Isso ajuda você a ficar acordado.

Deite-se bem quieto. Vasculhe os bancos da memória do dia anterior para identificar duas pessoas que o ajudaram ou que, de alguma forma, contribuíram para a sua vida. Você pode ter tido sucesso ontem habilitado por algo que alguém fez dias ou semanas atrás. Pode estar relacionado com o trabalho, a família ou algo mais casual. Quando o rosto de uma pessoa flutuar em sua mente, diga o nome dela em voz alta (talvez precise sussurrar se seu cônjuge ainda estiver dormindo). Agora, repita o nome, mas desta vez adicione uma descrição do que ela fez para você e a diferença que fez. Faça assim com cada pessoa que você se lembrar.

Será melhor se puder dizer em voz alta esses pensamentos de gratidão, porque assim fortifica a atitude de gratidão no subconsciente.

Agora é hora de colocar a gratidão no dia que está à frente. Pense em alguém que você prevê que o ajudará hoje. Talvez essa pessoa fez algo no dia anterior que se mostrará em bondade para você hoje. Identifique essa pessoa por nome e descreva o que antevê que ela fará por você e que diferença fará para o sucesso do dia.

Não há problema se a lista tiver as mesmas pessoas todos os dias. No início, provavelmente será assim. Quando comecei este exercício, minha esposa e alguns colegas mais chegados estavam na lista todas as manhãs. Mas com o decorrer do tempo, minha lista aumentou à medida que minha gratidão me atraía mais "ajudantes" à minha vida, e me tornei mais consciente de quem contribui para o sucesso que experimento.

Quando terminar este exercício, estará pronto para pular da cama com energia. Sentirá a sensação de confiança de que está inspirado e de que não está sozinho na vida. Quando encontrar as pessoas de sua lista, sua atitude para com elas mudará e, muitas vezes, essa mudança fará com que repitam o que você tanto apreciou inicialmente.

Já testei este exercício muitas vezes e descobri que, em todos os casos, vale a pena o tempo e o esforço. Por exemplo, em 2010, realizei um estudo não científico com algumas dezenas de pessoas que concordaram em fazer este exercício por pelo menos um mês. Todos os participantes foram unânimes em relatar que esta forma de iniciar o dia os ajudou a ter uma perspectiva mais positiva sobre a vida e um apreço por todo o apoio que tiveram. Uma história, porém, destaca-se como testemunho dos benefícios adicionais da gratidão logo de manhã cedo.

Paula Cooper, uma dos participantes do estudo, ficou sabendo deste exercício em uma época em que ela precisava de ânimo emocional. "Minha vida era incrivelmente caótica. Então, estou realmente feliz por você oferecer este exercício quando ofereceu", escreveu-me ela. Em seguida, continuou:

Nos últimos dois anos, meu marido procurou emprego em Maryland [moravam em Detroit, na época], porque os empregos de tecnologia de informação estavam sendo terceirizados. Quando conseguiu um emprego estatal em Annapolis, soube que era a coisa certa que devíamos fazer. Mas foi difícil. Fui criada em Michigan e todos os meus amigos e familiares estavam aqui. Ao mesmo tempo, papai, que estivera doente por cinco anos, fez uma cirurgia para remover um tumor maligno.

Todo este estresse estava me fazendo acordar mais cedo do que eu queria, nunca conseguindo dormir depois das 7 da manhã. Acordava preocupada. Então, fiquei sabendo do seu exercício e comecei a fazê-lo em vez de ficar deitada, pensando o que precisava fazer naquele dia. Toda manhã, acordava, fechava os olhos e imaginava as duas pessoas que me ajudaram na véspera. Às vezes, era uma balconista em uma loja, mas em geral era uma colega de trabalho ou uma amiga que estava me ajudando com a mudança. Depois de pensar nessas pessoas, sentia-me mais revigorada e focada. Estava pronta para atacar o dia. Sentia-me como se já tivesse feito algo antes mesmo de sair da cama!

Então, Paula me surpreendeu com uma inovação no exercício:

No dia da mudança, sentia-me bastante estressada e o dia foi uma loucura. Tínhamos muitas coisas para acomodar em nossa casa muito menor. O caminhão da mudança estava bloqueando a rua, perturbando os nossos novos vizinhos. Meu gato se enfiou na chaminé e não queria descer.

Eu estava tendo um treco! Resolvi, então, fazer o exercício da gratidão ali mesmo no meio do dia.

Umedeci um pano com água fria e encontrei um local tranquilo no quintal. Fiz o exercício em poucos minutos silenciosos. Fiquei calma e meus pensamentos passaram a ser de gratidão por todas as coisas que estavam dando certo naquele dia. Percebi que os trabalhadores eram caras agradáveis, rápidos e eficientes. Percebi que o gato desceria quando tudo se ajeitasse. Naquele momento, eu estava alegre, agradecendo profusamente a todos os envolvidos e fiquei assim pelo resto do dia.

Que grande testemunho.

Terminamos os dois primeiros aspectos do treinamento: entrar em sintonia e cavar mais fundo. Agora estamos prontos para o terceiro aspecto: a importância de *expressar* gratidão.

EXPRESSE GRATIDÃO

Gratidão não expressada é agradecimento não dado. Acredita-se que William Arthur Ward em *Foundation of Faith* (Fundamentos da Fé) tenha escrito: "Sentir gratidão e não expressá-la é como embrulhar um presente e não dá-lo". As palavras de agradecimento que você diz podem recompensar as pessoas e inspirar os observadores. Então, não as mantenha engarrafadas dentro de você!

Quando compartilha sentimentos de gratidão, se retrata em um ângulo positivo com os outros e, mais importante, consigo mesmo. As palavras que falamos influenciam nosso ponto de vista profundamente; codificam nossas crenças. Aqueles que consistentemente expressam gratidão tornam-se pessoas de mente agradecida através da autoosmose.

Comece agindo de acordo com o exercício de pensamentos nas horas em que você está acordado. Escreva um bilhete para uma ou duas pessoas que o ajudaram ontem. Faça um bilhete curto, mas sincero. Melhor ainda, telefone para que o tom da voz ajude a comunicar à pessoa que ouve a diferença que ela fez para você. Caso seja prático, agradeça pessoalmente. Não aceite "por nada" como resposta. As pessoas têm problemas em aceitar palavras de agradecimento às vezes, mas precisam aceitar a gratidão dos outros para colher os frutos.

Comece as reuniões de trabalho com uma declaração de gratidão às outras partes envolvidas, sobretudo se vocês vêm trabalhando juntos há algum tempo. Pense nisso quando a seção "o que está dando certo" da reunião passa para o início. Este é um começo muito melhor para uma discussão do que uma lista de queixas. Isso estrutura as reuniões como reuniões de pessoas cujos interesses são comuns, o que leva à cooperação e colaboração.

Martin Seligman, pai do atual movimento da psicologia positiva, sugere que você vá ainda mais longe com o que ele chama de "visita de gratidão". Veja como funciona: Pense em alguém que tem ajudado você, tem sido gentil com você, tem feito a diferença em sua vida, mas a quem nunca expressou seus agradecimentos. Escreva uma carta falando claramente o que ele fez e quanto significou para você. Marque uma reunião e, então, leia em voz alta a carta para essa pessoa. Faça disso o motivo exclusivo da visita e lhe dê uma cópia da carta para guardar.

Quando os estudantes e pacientes de Seligman na Universidade da Pensilvânia fizeram esse exercício, foram tocados profundamente pela experiência. Em muitos casos, o autor e o destinatário da carta choraram movidos pelo espírito de gratidão. Em alguns casos, a experiência teve um efeito cascata, fazendo o destinatário pensar em alguém a quem ainda não tinha agradecido, ocasionando uma visita de gratidão altamente emocionante para essa pessoa. E assim por diante.[4]

Recentemente, adaptando este conceito à era digital, verifiquei a lista de meus amigos no Facebook com o objetivo de localizar e agradecer a alguém do meu passado. Achei Sam Bloom, a pessoa que me contratara na Broadcast.com em 1997. Deu-me uma chance e me apoiou quando tive um início lento de vendas, por quem tenho muito a agradecer.

Mora em Dallas, longe demais para uma visita improvisada. Então, escrevi-lhe um bilhete, explicando de forma geral como ele mudara minha vida e agradecendo-lhe profusamente por me dar a chance e encorajamento ao longo do caminho. Alguns dias mais tarde, recebi a resposta: "Ajudei você porque merecia. Percebi que aproveitaria a oportunidade. Por isso, lhe dei".

Essa é a promessa quando a gratidão for expressa: Através de *feedback* positivo, se sentirá mais capaz, mais digno e quase destinado a ser bem-sucedido na vida. Esta é a essência da perspectiva confiante. Mantenha a gratidão bloqueada e você se convencerá de que ou você tem sorte ou não merecia a ajuda que recebeu.

TORNE A GRATIDÃO PÚBLICA

Na Yahoo!, tínhamos um quadro de avisos onde os colegas de trabalho colocavam bilhetes de agradecimento. No Citibank, os funcionários preenchem cartões-circular de agradecimento do "Mundo dos Agradecimentos" e os enviam a quem eles têm apreço, fazendo com que muitas vezes as mesas e locais de trabalho sejam adornadas com palavras de agradecimento. Na Cisco, os engenheiros em um grupo dedicam um quadro de avisos na área comum da empresa para palavras improvisadas.

Quando você agradece publicamente, inspira as pessoas a imitarem você. A cultura é formada pela expressão de valores, pela comunicação de que, "por aqui, ajudamos uns aos outros e agradecemos a ajuda uns dos outros".

Aqui estão algumas maneiras de você usar a internet para fazer isso. Visite o site www.TodayWeAreRich.com, poste um agradecimento público a alguém de sua lista e certifique-se de que a pessoa foi notificada. Você pode usar os meios de comunicação sociais para fazer isso também, dedicando suas atualizações de status para agradecer aos outros pelas contribuições feitas. Um forte senso de gratidão alimentará sua fé e aumentará sua resistência na vida. A gratidão expulsará o medo e a ansiedade da sua consciência. É poderosa agente de limpeza para a psique, dissolvendo o ressentimento, o ciúme e a inveja que entopem suas atitudes com lamas emocionais.

Quase todo padrão de pensamento negativo pode ser quebrado com pensamentos de gratidão. Quando você "pensa obrigado", entra em sintonia com o que tem e não com o que não tem. O efeito é imediato. Você se sente positivo.

É uma das frases favoritas de Billye: "Você não consegue ser detestável quando é grato!" Ela tem razão. Você não consegue ser negativo quando é agradecido. Não consegue ter inveja dos outros quando está cheio de um sentimento de abundância pessoal. A gratidão melhora sua atitude e eleva a altitude em que você voa na vida.

As pesquisas também indicam que a gratidão impulsiona a saúde e o bem-estar. Robert Emmons realizou estudos na Universidade da Califórnia Davis que acompanharam pessoas que mantiveram diários de gratidão, como o que sugeri que você comece. Ele comparou o grupo da gratidão com o grupo de controle, cujos membros não mantêm um diário de agradecimento.

No estudo, os integrantes do grupo que mantinham um diário tinham menos doenças físicas, relataram sentir-se melhor com a vida como um todo e expressaram um otimismo maior quanto ao futuro. Tinham mais energia, eram mais bem humorados e expansivos do que aqueles no grupo de controle. Este é o poder da cura de agradecer![5]

Erwin McManus descobriu efeitos semelhantes em seu ministério e escreveu a respeito em seu livro *Uprising* (Revolta): "A gratidão não só permite que você aprecie o presente, mas o mantém desejoso pelo futuro. [...] A gratidão alimenta o otimismo e inspira a esperança".[6]

Quando o músculo da gratidão está forte, sua confiança total sobe vertiginosamente. Você se vê como merecedor em nível humano. Reconhece que tem uma comunidade em volta de você que quer ajudar. A fé em Deus é fortificada, em cujo caso faz sentido explicar o que Deus dá a você e inclui dar graças por todas essas coisas em suas orações.

TRANSFORME OS "*TER DE*" EM "*TRATAR DE*"

Talvez o benefício final da gratidão seja que lhe dá a liberdade para moldar a vida inteira como uma aventura emocionante, independentemente das circunstâncias. Se você tem uma mentalidade grata, você pode transformar seu "*ter de*" em "*tratar de*".[7]

Embora muitas pessoas se queixem porque "têm de trabalhar hoje", milhões de desempregados ficariam gratos por um trabalho, qualquer trabalho. Há pais que reclamam de todas as coisas que têm a ver com os filhos. No entanto, há pessoas sem filhos que choram de desejo de levar um filho ou filha ao treino de futebol ou cozinhar para uma família em que haja amor e carinho.

A gratidão dá a você o poder mental de transformar obrigações em oportunidades. Dá a força para transmutar o sofrimento em experiência de crescimento. Em alguns casos, esta pode ser a única maneira de sobreviver.

Em 1992, Billye foi diagnosticada com câncer de mama. Quando me deu a notícia, meu coração desfaleceu. O prognóstico exigia cirurgia imediata para remover o tumor, seguida por várias rodadas de tratamento com radiação.

Um dos centros de tratamento mais próximos ficava em Dallas, onde Jacqueline e eu morávamos na época. Então, buscamos Billye e a mudamos para nossa casa. Quando chegou, sua disposição era radiante e falava efusivamente com gratidão por nós. Todo dia, Jacqueline a levava de carro ao hospital para a terapia de radiação, tratamento que pode arrancar a própria vida do paciente.

Billye definhou, dificilmente os alimentos ficavam no estômago e a energia se lhe esvaiu. A pele ganhou uma palidez cinza, e ela mal conseguia andar. Em situação semelhante, a maioria das pessoas ficaria irritada, triste e desanimada. Atacaria com palavras os entes queridos que cuidam dela. Mas Billye era vigilante, pois contava as bênçãos em vez de fazer um inventário das doenças. Foi gentil com Jacqueline, mesmo quando se sentia terrível e lhe agradecia todos os dias por levá-la ao centro de combate ao câncer.

Nunca me esquecerei um dia mais ou menos na metade do extenuante tratamento com radiação. Billye sentou-se na beira da cama vestida como se fosse à igreja, batendo as mãos e dizendo:

— Não vou mais chorar como Jó, não senhor! Já me recobrei de um monte de reveses antes. Já os venci com oração. Esta é minha vez de brilhar. Serei a paciente mais feliz que o hospital já teve! Serei um testemunho do poder da fé.

Contra todas as probabilidades, morou com a gente por meses e nunca teve um ataque de negatividade ou tristeza. O segredo dessa atitude que desafia o sofrimento era o músculo da gratidão bem desenvolvido. Foi o que transformou seu *"ter de"* em *"tratar de"*, mesmo durante seus momentos de tristeza.

Era assim que ela via as coisas: "tratou de" passar tempo com a gente e conhecer melhor o jovem Anthony. Ela "tratou de" ter o tratamento de primeira classe que a ajudaria a derrotar o câncer. Ela "tratou de" testemunhar para as pessoas que conhecia no centro de combate ao câncer. Até hoje, rememora a experiência com gratidão intensa a Deus, sua família, os médicos e todos os estranhos que conheceu durante essa viagem ao Texas.

A atitude de Billye deve ter lhe salvado a vida, pois criou a disposição de espírito certa para ela vencer a batalha contra o câncer. Ele sempre olha para isso como uma experiência de aprendizado, com uma pequena dor como preço do ingresso.

Ela insiste que Jacqueline e eu desfrutemos do nosso sucesso por causa do que fizemos por ela durante esse tempo difícil. Cada vez que a visitamos, agradece-nos novamente e repete que nunca esquecerá o quanto gostamos dela. Sua gratidão nos aquece o coração e nos inspira a encontrar outras oportunidades para ajudar os necessitados. Esse é o bom *loop* da gratidão em ação.

Dizem que foi John F. Kennedy que disse: "Quando expressarmos nossa gratidão, nunca nos esqueçamos de que o maior apreço não é proferir palavras, mas viver por elas". Se você se sentir feliz, deixe que isso o mude como pessoa. Transforme esta energia recém-descoberta em generosidade. A gratidão lhe dará o desejo de dar de volta. Então, coloque a gratidão em ação, porque quando dá de um coração agradecido, está pronto para ser rico.

7
Princípio iv

DÊ PARA SER RICO

POUCO IMPORTANDO QUANTO você seja fiel em seguir os três primeiros princípios, sempre haverá acontecimentos em sua vida que estão fora do seu controle. Dificuldades financeiras, excesso de trabalho, problemas de relacionamento e tragédias pessoais produzem desgaste emocional. O estresse, a preocupação, o ressentimento, a raiva e a tristeza podem exaurir a resistência emocional e fazer com que a confiança se desintegre. Para esses males, prescrevo o exercício de dar.

Dar é um remédio milagroso. Não há doença que restrinja seus poderes de cura. Até doenças cardíacas não podem vencê-lo. Como parte de uma experiência, um grupo de pacientes cardíacos em recuperação do Centro Médico da Universidade Duke foram convidados a serem voluntários na tarefa de aconselhar outros pacientes cardíacos recentemente admitidos. Sentavam-se com estes novos pacientes, ouviam e ofereciam apoio. Pela mágica de dar, esses voluntários recuperaram-se 70% mais rápidos do que os colegas não voluntários.

Aprendi através de minhas pesquisas sobre o assunto que, por sua natureza, requer um foco nas necessidades das pessoas, bem como nos recursos que você tem. Isso redireciona a mente em direção aos pontos fortes e para longe dos pontos fracos. Por sua vez, o subconsciente responde a esse estímulo segregando uma gama de substâncias químicas e enzimas que alteram o estado físico e mental.

Da vida de trabalho para a vida familiar, quando você dá aos outros, também recebe um presente. Se você está emocionalmente esgotado, intensamente angustiado ou imensamente triste, um curto tempo ajudando as pessoas pode reerguê-lo.

POTENCIALIZE SUA SAÍDA DO ESGOTAMENTO

Na lufa-lufa da vida, é fácil ficar exaurido. O trabalho se acumula sem ponto de parada à vista. Em algum momento, o estresse desgasta os amortecedores emocionais e chegamos à fase do esgotamento. Isso leva a uma atitude de derrota, um declínio no otimismo e até mesmo depressão. Jon Schwartz, ex-vice-presidente de vendas na Yahoo!, ficou num beco sem saída em 2002. Ele gerenciava dezenas de vendedores em uma época em que a empresa estava lutando para obter maiores resultados.

Todos os dias, mais de duzentos e-mails lhe exigiam a atenção. Passava horas em reuniões, trabalhava no almoço para recuperar o terreno perdido e pegava um avião pelo menos duas vezes por semana para visitar os escritórios regionais. A pressão por resultados era implacável e o progresso lento.

Jon não tivera uma folga real em mais de quatro anos, e isso lhe estava prejudicando mentalmente. O lado perspicaz de sua natureza estava desaparecendo enquanto lutava com dúvidas e frustrações importunas. Então, ficou sabendo de um programa no trabalho chamado Yahoo! Para Sempre, um esforço voluntário para instalar computadores e acesso à internet em escolas necessitadas. Pareceu uma boa alternativa para maratonas de e-mail no fim de semana que ele geralmente fazia. Inscreveu-se como voluntário.

Aos sábados, ficava ombro a ombro com colegas de trabalho, criando estações de trabalho, instalando terminais de computador e mostrando aos jovens como usar o mundo da internet para a escola. Estas atividades causaram um efeito revigorante nele.

— Toda vez que me sinto exausto no trabalho, espero o sábado chegar para me refazer — disse-me ele. — A exaustão física, sobretudo por uma boa causa, é a melhor maneira de acalmar a mente. Volto a trabalhar com a cabeça leve e lúcida, com a sensação de problemas resolvidos e coisas ruins feitas, algo que todos nós almejamos.

De acordo com Allan Luks, pesquisador e escritor de *The Healing Power of Doing Good* (O Poder Curativo de Praticar o Bem), a experiência de Jon é bastante comum. Em sua pesquisa, Luks estudou milhares de voluntários e descobriu que eles conseguiam a "euforia do ajudador", que é muito semelhante ao que experimentamos depois de uma longa corrida. É a sensação de euforia que, ao contrário da "euforia do corredor", dura por várias semanas.[1] Luks constatou ainda que os voluntários que mais tarde refletiam sobre suas ações de dar eram renovados por terem feito o que fizeram.

Em alguns casos, o esgotamento é consequência da repetição de tarefas ao longo do tempo. Faça a mesma coisa bastante tempo e você pode perder o amor pelo que faz. Dentistas experimentam esgotamento como resultado de anos de trabalho em ambientes estressantes. A Associação Americana de Odontologia Estética apresentou uma solução: Devolva o Sorriso. Este programa conecta profissionais dentistas voluntários com mulheres vítimas de abuso físico que precisam de trabalho dentário estético por conta do desrespeito sofrido. Conversei com vários dentistas que deram do seu tempo para este programa, e todos me disseram que a atividade os revigorou e os colocou de volta em contato com a razão de terem escolhido a profissão. Esses sentimentos repercutiram em suas semanas de trabalho à medida que se reconectaram com seus pacientes. E foi essa diferença que mostrou para eles o que um sorriso pode fazer.

> **A melhor maneira de revigorar o espírito é dar um gole de alegria para alguém em necessidade.**

Quando as pessoas me dizem que precisam de uma pausa, sempre recomendo dar uma pausa em vez não fazendo nada. O *feedback* positivo que ocorre depois de um tempo de dar faz maravilhas com os pontos de vista, bem como com os níveis de energia. Logo descobrem que a melhor maneira de revigorar o espírito é dar um gole de alegria para alguém em necessidade.

ERRADIQUE PENSAMENTOS DE ESCASSEZ E PREOCUPAÇÃO COM O ATO DE DAR

O princípio da não suficiência é um flagelo da psique que pode paralisar você com a preocupação. Quando você acha que não tem dinheiro para pagar as contas, não pensa em mais nada. Naturalmente, em alguns casos, o déficit é real, e você precisa mexer-se e fazer o que puder para resolver a situação. Em muitos casos, porém, o déficit é questão de perspectiva, e não tem a mais correta. Você fica nervoso. Irrita-se e entra em pânico sem motivo e exerce pressão sobre si mesmo, o que é injusto.

Antes de deixar que os pensamentos de escassez se tornem dominantes, desafie-os através do ato de dar. Se a escassez puder passar no teste de dar, saberá que ela é real. Por exemplo, na Índia, aqueles que se consideram viver à beira da pobreza são incentivados a tomar as ruas e encontrar uma família menos afortunada do que a deles para lhes dar comida e roupa.

Este exercício ajuda os que sentem que são pobres para que percebam que são melhores do que pensam. Como um professor indiano me explicou:

— No dia seguinte, quando estes doadores se reúnem para jantar, veem o excedente, não a falta. O fato de não terem privação de alimentos exige que repensem a situação. Nesse momento, percebem que estavam sofrendo da ilusão da escassez, um pesadelo autoimposto.

Uma deficiência que pode esvaziar nossa confiança é a falta de tempo. Conforme assumimos mais responsabilidades, desenvolvemos o pavor insidioso de que em algum momento ficaremos sem tempo e fracassaremos. Quanto mais pensamos a respeito, mais obcecados ficamos, contando os minutos que perdemos todo dia e ficando mais deprimidos com a sobrecarga. Neste caso, dar exerce a sua mágica.

Stanley Marcus Jr. foi um mentor para mim, distribuindo conselhos de vida e liderança em almoços em Dallas.

— Quando você acha que não tem tempo para outra pessoa — disse-me ele — desafie esse pensamento dando de alguma forma. Ajude um colega e, prometo, perceberá que no dia seguinte tem bastante tempo e energia renovada para recuperar o atraso que teve.

Faça assim da próxima vez que achar que não tem tempo suficiente para atingir seus objetivos. Dê um pouco para alguém que precisa, e não se esqueça de deixar que isso alimente sua energia e estimule suas habilidades criativas de gerenciamento de calendário. Perceberá que o tempo possuía você, mas que, ao dá-lo, o tomou de volta. Isso confirma o que Andre Gide, escritor e vencedor do Prêmio Nobel, declarou: "A posse completa é provada apenas por dar. Tudo que você não pode dar possui você".[2]

Enfrente todas as aparentes faltas em sua vida desta forma. Se você pensa muito sobre problemas financeiros, seja criativo e encontre uma maneira de doar para uma causa que levante seu ânimo. Você sente a falta de respeito das pessoas? Trate alguém com respeito, alguém que mereça. Lembre-se de que o subconsciente é facilmente dirigido pelas ações. Quando você dá o que sente que lhe falta, está dizendo que, no fim das contas, há um excedente.

UM ALÍVIO DA DOR

Jay Beckley, um amigo de Detroit, tem uma história que ilustra o poder medicinal de dar. Seu filho Myles nasceu em 2002 e, desde o início, foi especial para todas as pessoas que o conheceram.

— Era uma criança linda com cabelos cacheados e ondulados e um sorriso alegre — diz Jay. — Aonde quer que ia, ele alegrava o ambiente. No jardim de infância da escola Regis Catholic Elementary foi um sucesso imediato. Cantou para Maria, uma colega de classe, quando ela chorou porque perdeu a mãe. Arrancou flores do jardim para dar à professora, apenas para vê-la sorrir.

Jay levava Myles consigo para os treinos de futebol americano na escola, onde se ofereceu como treinador-adjunto. Os jogadores adoravam ver Myles na lateral do campo, porque ele tinha um espírito carismático. Ele ficava pulando pra lá e pra cá, agitando os braços com entusiasmo e gritando "Raider Nation".

Em 5 de janeiro de 2008 a tragédia ocorreu. Jay e sua família estavam de férias na Costa Rica. Ao pôr do sol, Jay, sua filha Theresa e Myles estavam em um passeio a cavalo na praia quando algo assustou o cavalo de Myles e disparou com Myles à sela. Porque o pé de Myles ficou preso no coldre da sela quando ele caiu do cavalo galopante, foi arrastado pelo chão e sofreu severos ferimentos na cabeça. A ambulância quebrou a caminho do hospital, e passou uma hora até que Myles chegasse à emergência. Naquela noite, Myles faleceu ao lado de Jay.

— Meu primeiro pensamento — disse Jay — foi que fracassei com minha família, fracassei em cuidar de Myles. Tinha deixado que isso acontecesse. Sentia-me decepcionado como pai. Mas então percebi que ainda tinha uma esposa e duas filhas para cuidar, e que precisava ser forte. Então, me concentrei no que faríamos para sobreviver a isso.

Jay admite que, logo após o acidente, ficou furioso com o guia turístico, por não estar segurando as rédeas do cavalo de Myles na hora do acidente. Mas no momento em que decidiu concentrar-se em ser forte para a família, seus sentimentos negativos sobre o homem dissolveram-se.

— Não foquei minha energia em fazer justiça ou achar o culpado — explicou. — Isso não ia nos trazer Myles de volta.

Quando viu o guia turístico chorando na sala de espera, foi até ele e o abraçou firmemente. Esse gesto poupou o guia de sofrimento e dor intensa. Esse foi o primeiro presente que Jay deu durante este processo: perdão e libertação.

Enquanto Jay e Virgínia ainda estavam na Costa Rica, membros de sua comunidade em casa estavam expressando condolências sob a forma de telefonemas, flores e visitas à casa com alimentos.

— Quando minha irmã me contou a respeito, meu primeiro pensamento foi que eu não queria que minha casa se tornasse um desses santuários ao falecido — disse Jay.

Não queria pena; queria Myles de volta. Quando compartilhou isso com o diretor da funerária, ele foi aconselhado a redirecionar os presentes para um fundo de bolsas de estudo em nome de Myles Beckley. O registro obituário solicitava que, em vez de flores, doações fossem feitas para este fundo a fim de ajudar as crianças necessitadas da região metropolitana de Detroit a frequentar a escola Regis Catholic Elementary.

Cerca de nove meses mais tarde, inspirado pelo aumento constante do fundo de bolsas de estudo, Jay comemorou o aniversário de Myles com o "Dia do Myles", um evento na escola. Havia uma parede de velcro inflável para as crianças subirem, um estilingue humano e outras atividades destinadas a trazer alegria a todos os envolvidos e arrecadar dinheiro para uma bolsa de estudo anual.

— Não é apenas um levantador de fundos; é um levantador de alegria — afirmou Jay.

Hoje, uma estátua de bronze de Myles, com sua característica pose de incentivo com os braços abertos no ar, cumprimenta os alunos na área de recreação. Há também um borboletário no *campus* em honra do carinho que Myles tinha por borboletas. O Dia do Smyles agora tem um componente de golfe de caridade, trazendo subscritores e mais doadores para expandir as bolsas de estudo a escolas particulares vizinhas e, em breve, a países menos desenvolvidos.

— Através do Dia do Smyles, encontramos uma maneira de celebrar a vida de Myles — explicou Jay. — Recuso-me a acreditar que ele foi embora. Através do Dia do Smyles, ele vive.

À medida que Jay experimentava o poder da cura de dar, transmutou a tristeza pela morte do filho em uma celebração de vida. Desviou a pena e escolheu o propósito. Encontrou uma maneira de substituir a carranca pelo sorriso. Deu a centenas de outras pessoas o dom de dar.

Para Jay, a abordagem típica a tais situações difíceis teria implicações familiares ainda mais trágicas. Expliquei-lhe que muitas pessoas enlutadas colocam a energia na raiva, culpa, automedicação e rejeição de crenças e valores previamente obtidos. Em casos como o dele, muitos pais desperdiçam tempo processando judicialmente os responsáveis ou torcendo as mãos e questionando por que Deus deixaria que isso acontecesse com eles.

— Se eu tivesse feito isso — disse Jay — não estaria nesta casa hoje, com meu trabalho, minha saúde e minha família. Minha fé é minha âncora e, hoje, estamos mais fortes do que nunca.

Mais cedo na vida, Jay lutara com o vício de drogas e alcoolismo. Se ele não tivesse se engajado no projeto do Dia do SMyles e focado no amor e celebração, sua resposta à morte de Myles teria sido muito diferente.

Depois de uma longa pausa, especulou:

— Se eu não tivesse tomado a atitude que tomei, não estaria vivo hoje.

Quando disse isso, um arrepio me percorreu a espinha quando percebi que era um milagre *eu* estar vivo. Quando meu pai foi assassinado, não tomei as mesmas decisões positivas que Jay. Não *optei* pelo caminho que me tiraria da dor. Tentei odiar, ressentir-me e rebelar-me no caminho de saída da dor. Desperdicei energias bancando o detetive, rejeitando os princípios com os quais Billye me criara e espalhando minha tristeza.

Se você está enfrentando luto e tristeza, preste atenção ao exemplo de Jay: Estabeleça um tempo para chorar da forma que lhe seja natural, mas, em seguida, *perdoe. Dê. Ame. Comemore.* Se então eu soubesse disso, teria evitado meus anos de derrapagem.

PROCURE O CAMINHO DA GENEROSIDADE

Como a gratidão, a generosidade é um músculo espiritual. Quando você o fortalece, possui a força para dar livremente e com suficiente desenvolvimento, para ficar livre do apego excessivo a bens ou *status*. Quando não damos atenção ao músculo da generosidade por causa da cultura de hoje orientada a posses, ele fica flácido. Por isso, as pessoas têm momentos de generosidade fugazes, mas, no dia a dia, permanecem autocentradas.

Independentemente da confiança que tenha, precisará ter um forte senso de generosidade se quiser ser capaz de deixar ir e compartilhar com outras pessoas. Pense nos ricos que não acreditam na caridade e são obcecados em ter cada vez mais, mais e mais. Podem ser confiantes na capacidade de ganhar, mas por não terem o espírito de generosidade, nunca poderão compartilhar plenamente. Embora sejam importantes teoricamente e no momento presente, ao longo do tempo desaparecerão. Ralph Waldo Emerson fez esta dura advertência às suas congregações: "Sem um coração rico, a riqueza é um mendigo feio".[3]

O exercício de dar pode fazer crescer e tonificar o músculo da generosidade. Mas produzir resultados duradouros exige um regime bem pensado. Em outras palavras, dar requer um senso de perspicácia. Dê com as intenções erradas, e você sairá antes de fazer a diferença ou, pior ainda, ofenderá a pessoa que está tentando ajudar. Dê de forma errada, e se decepcionará e ficará com menos vontade de dar no futuro.

Cada um de nós já teve uma situação na qual estragamos uma tentativa de dar. Talvez essa tentativa não nos tenha caído bem, ou não estávamos preparados para as complicações que a acompanharam. Talvez sintamos, no final, que tiraram vantagem de nós. Seja qual for a razão, acabamos nos questionando por que, para início de conversa, tentamos ajudar. Muito semelhante a um fracasso nos negócios, um insucesso em dar dói. Uma má experiência em dar pode nos levar a duvidar de nosso julgamento ou nos ressentir dos outros. Pode ferir nosso espírito e nos atrasar.

O pai de Billye, Tommie, disse-lhe certa vez: "Existem maneiras certas e maneiras erradas de dar. Na maioria dos casos, a diferença reside na motivação por trás do ato. Sempre fiscalize o motivo por trás do que você faz". Foi o que ele aprendeu da maneira mais difícil, quando tentou compartilhar sua riqueza com os outros. Ao longo da vida, refinou suas estratégias de dar tanto quanto suas táticas de negócios.

Aqui estão quatro regras para dar eficazmente.

DÊ COMO REFLEXO DOS SEUS VALORES

Você já comprou uma camisa por impulso e mais tarde verificou que não combinava com você? Provavelmente estava em liquidação ou você foi atraído por uma promoção tentadora. No fim, teve de doar a camisa.

Ao dar, confrontamos situações semelhantes. Ficamos envolvidos em uma causa com entusiasmo, só para ver nosso interesse se desvanecer quando percebemos que a causa não se ajusta a nós. Podemos prometer algo em resposta a um impulso emocional. Então, quando é hora de renovar nosso compromisso, ignoramos o lembrete, porque não temos uma forte ligação com a causa.

O teste do reflexo é uma maneira infalível de escolher a oportunidade certa para dar. Quando pensar a respeito de contribuir de alguma forma, faça a si mesmo esta pergunta: *A causa sobre a qual estou considerando reflete meus valores?* Nossos valores definem quem somos e são fonte de grande energia e criatividade. São o centro emocional do nosso ser.

Antes de dar como reflexo dos seus valores, você precisa *identificar* seus valores pessoais. Pense neles como a lista de prioridades de como passa o tempo e investe seus recursos. Pense neles como seu senso básico de certo e errado neste mundo. Identificar seus valores pode levar tempo, se ainda não os considerou explicitamente. Apanhe o diário e escreva cinco coisas que você valoriza em si mesmo e em outras pessoas. Escreva cinco coisas que você deseja que houvesse muito mais no mundo. É um bom começo. Agora, classifique cada item em uma escala de um a dez, sendo dez algo que você valoriza em extremo.

Agora você tem um ponto de partida para identificar a bússola que será usada para dizer sim a algumas oportunidades e "isso não me serve" a outras. Mais tarde, durante o princípio do propósito a seguir, esta classificação de valores pessoais virá a calhar.

Às vezes, nossos valores emanam de uma experiência pessoal. Outras vezes, os valores tornam-se importantes para nós porque são a fonte do nosso êxito ou felicidade. Por exemplo, valorizo o debate como maneira de melhorar as chances de sucesso. Ajudou-me a custear a faculdade. Não foi fácil para mim, porque eu morava em uma cidade do interior com um programa de discurso subfinanciado. Não tínhamos uma grande biblioteca como as das cidades universitárias. Tínhamos de arrecadar dinheiro para ir a torneios nacionais. Para muitos em minha situação, era impossível, a menos que fossem para uma escola particular em Houston ou Santa Fé.

Alguns anos atrás, descobri a Associação Nacional de Ligas de Debates Urbanos (NAUDL, na sigla em inglês), uma organização sem fins lucrativos que traz recursos para equipes de debates para estudantes em situação de risco que estudam na escola de Ensino Médio localizadas nas áreas pobres dos centros da cidade. Financia professores, acampamentos de verão e transporte para torneios. Os alunos que participam são muito mais propensos a ganhar o diploma do Ensino Médio, frequentar a faculdade e evitar a pobreza. Que golpe certeiro levando em conta os meus valores!

Como reflexo de mim mesmo, contribuo para esta associação sem fins lucrativos. Quando vejo seu progresso ao se expandirem para outras áreas urbanas, fico ainda mais animado e quero dar mais. Esse é o poder mágico de dar como reflexo dos valores pessoais.

Se dar é uma maneira de acalmar a alma enlutada após a morte na família, como começar? Jo e David Clark fizeram essa pergunta em 2004, quando sua filha Sally, de dezenove anos de idade, foi morta por um motorista bêbado nos arredores de Charlotte, Carolina do Norte. Sally era caloura na faculdade e muito popular, uma inspiração para todos que a conheciam.

Os Clarks, muito semelhantemente a Jay Beckley, resolveram não concentrar as energias na vingança contra o motorista bêbado. Seus ensinos espirituais os desafiaram a encontrar uma maneira de transmutar a perda em bênção. Queriam criar algo de positivo pelo qual se lembrassem da filha.

— O que não queríamos — disse-me Jo — era um monumento comemorativo em outdoor. Isso não era suficientemente bom.

Instintivamente sabiam que Sally não queria celebridade. Em vez disso, ela preferiria que sua vida e morte tivessem significado.

Cerca de seis meses depois da tragédia, David teve um sonho que lhe mostrou a solução. Quando acordou, disse para Jo:

— Já sei! Já sei o que faremos. Sally valorizava a aptidão do corpo, da alma e do espírito mais do que qualquer coisa. Vamos construir em sua honra uma Associação Cristã de Moços em East Lincoln.

O sonho de David revelou esta conexão para ele. Primeiro, Sally gostava de boa forma física e estar ao ar livre. Cirurgias no joelho e a asma não a detiveram de assumir desafios extenuantes, como um andar de bicicleta em uma montanha no acampamento que frequentou para o desenvolvimento de habilidades. Durante o exercício, teve um ataque de asma, mas encontrou a força de vontade para concluir o percurso. Seu comportamento inspirou enormemente muitos dos jovens e fez com que "pensassem mais profundamente sobre si mesmos".

— Quando chegou em casa depois do acampamento, pude ver uma mudança real nela — disse sua mãe. — A boa forma física era algo que queria que todos tivessem. Gostava de inspirar as pessoas através do exemplo.

Sally também guardou a fé como valor essencial. Adorava cantar na igreja e se oferecer como voluntária para as atividades. Falava sobre Jesus aos outros. Dava do tempo livre para aconselhar outros adolescentes e incentivá-los.

Os Clarks tinham sido de longa data membros da Associação Cristã de Moços (ACM) quando eram mais jovens. Não havia um centro onde

DÊ PARA SER RICO

moravam em East Lincoln. Por isso, Sally não teve a oportunidade de desfrutar de seus benefícios da maneira que eles desfrutaram. No fundo da mente, David sempre pensou que East Lincoln poderia sustentar um centro. Quando se lembrou do valor central da ACM, que é "pôr em prática princípios cristãos através de programas que formem corpo, mente e espírito saudáveis para todos", ele se convenceu de que seria compatível com Sally.

Os Clarks tinham uma enorme tarefa à frente. Em primeiro lugar, tiveram de convencer a ACM de Charlotte de que deveria haver uma associação na cidade de East Lincoln. A família doou o terreno para o novo centro da ACM e prometeu iniciar uma agressiva campanha de angariação de fundos para construir e sustentá-la. Fizeram dezenas de apresentações, encenaram competições em casas e foram aos meios de comunicação. Foram persistentes, criativos e, acima de tudo, inspiradores. No início de 2009, tinham levantado quase sete milhões de dólares, grande parte proveniente do pessimismo do ambiente econômico vigente na época.

Jantei com eles na noite anterior em que palestrei em um evento de liderança nacional da ACM. Jo estava resoluta acerca de o centro ser fator decisivo na comunidade, inspirando as pessoas a crescer por meio do exemplo de Sally. David falava com voz mansa, mas tinha um brilho nos olhos, quando contou as experiências para convencer as pessoas a doar para a causa. David e Jo, que estão mais próximos do que nunca, deram as mãos durante a maior parte do jantar. Sua história é famosa em grande parte de Charlotte, um testemunho de como uma família pode fazer algo de bom proveniente de uma tragédia.

O centro está previsto para abrir em fins do primeiro semestre de 2011. É apropriadamente chamado de "Y* de Sally".[4]

DÊ PARA CAPACITAR OS OUTROS

Quando você dá, precisa vir de um lugar de humildade, procurando dar aos outros o que quer para si mesmo. Se você dá, porque sente pena dos necessitados, não está capacitando-os. Pense nisso da perspectiva de quem recebe: eles não querem apenas sobreviver; muito semelhante a você, querem prosperar. Querem as mesmas oportunidades que você tem. Não querem a sua pena.

---

*N. do T.: Os americanos chamam a ACM de "the Y" (o ípsilon), em alusão à primeira letra da sigla YMCA, a Associação Cristã de Moços.

Na década de 1930, quando Tommie King viu as dificuldades na comunidade empresarial de sua cidade, deu empréstimos sem juros acompanhado de encorajamento. Não estava tentando colocar uma bandagem no problema; estava tentando forjar uma comunidade agrícola. Como Henry Ford, um dos seus heróis, disse: "Tempo e dinheiro gastos em ajudar as pessoas a fazer mais para si mesmas é muito melhor do que meramente dar".[5]

Mais tarde na vida, após o fiasco bancário familiar ter lhe consumido as reservas em dinheiro, Tommie pôs-se a dar poder ilimitado diretamente às pessoas em necessidade. Aprendeu o valor de dar o invisível: sabedoria, conexões e reputação. Quando compartilhava o *know-how* de negócios com um jovem empresário, ele criava riquezas. Quando formava uma rede de oportunidades com uma pessoa ambiciosa, fazia a mágica acontecer. Quando emprestava sua excelente reputação ao proprietário de um negócio para ajudá-lo a obter um empréstimo, tornava-se uma máquina de dinheiro.

Em cada caso, ao contrário de dar dinheiro, dar poder não esgotou o suprimento de Tommie. Na verdade, quanto mais deu o poder de *know-how* e conexões, mais tinha, por causa do *feedback* que recebia e da boa vontade que gerava. Isso está de acordo com os ensinos de Daniel Lapin, autor de *Thou Shall Prosper* (Vós Prosperareis, livro fantástico recomendado para mim por Dave Ramsey). Lapin disse para Ramsey que dar coisas intangíveis funciona como acender velas. Quando você faz isso, cria mais velas acesas, não menos. Isso é diferente do ponto de vista de pizza da vida, em que uma fatia dada é uma fatia dada para sempre.

Quando você dá para aumentar as habilidades dos outros, gera abundância na vida deles. Não importa quem você seja, também pode dar às pessoas. É questão de entender que valor intangível você tem e que vale a pena compartilhar. Pode ser a experiência e o conhecimento que você adquiriu. Ao longo da vida, acumulou um monte dessas coisas. Na era da informação, todos temos uma rede de relações pessoais. Muitas das pessoas nessas relações possuem soluções para as dificuldades dos outros. Em outras palavras, os *seus* amigos podem não ter tudo o que você precisa para ter sucesso, mas os amigos *deles* têm!

Quer você esteja ajudando alguém individualmente ou apoiando uma causa organizada, objetive capacitar todos os envolvidos. Por exemplo, quando decide contribuir para uma organização sem fins lucrativos que reflete os valores que você assume, não se restrinja à assinatura de cheques. Contribua com seu conhecimento empresarial para ajudar os organizadores a melhorar o marketing ou as atividades operacionais. Não apenas empreste dinheiro aos amigos que precisam de ajuda; mobilize sua rede de contatos e empreste sua reputação para ajudá-los a encontrar um novo emprego.

Sempre procure uma estratégia de saída para dar: em que ponto os necessitados foram atendidos e a necessidade transformada em autossuficiência? Claro que quando acontece uma crise como o furacão Katrina, disponha-se a contribuir com sua parte imediatamente para ajudar os sofredores a conseguir alimento e abrigo. Mas, como fez o ator Brad Pitt quando criou a organização Make It Right New Orleans, aspire a fazer melhor as coisas do que eram antes. Sua organização está construindo casas sustentáveis para as vítimas da inundação. O objetivo vai além de colocar um teto sobre a cabeça. Destina-se a criar uma comunidade próspera e crescente, que não precise de apoio governamental ou doações futuras.

Quando você dá poder, sobretudo para aqueles que o rodeiam, cria um mundo mais forte. Quando o que dá capacita as pessoas, ganha mais confiança nelas e, por sua vez, em si mesmo. Se você concede aos outros energia suficiente, eles irão além da independência para possuir prosperidade material e imaterial. Isso lhes permitirá passar de recebedores para doadores e tornar possível sentir a alegria e significado que você sente, quando começa a ajudar as pessoas em necessidade. Para citar o autor e filósofo John Andrew Holmes: "Não há melhor exercício para o coração do homem do que estender a mão e levantar outra pessoa".[6] Passe adiante.

NÃO ESPERE NADA EM TROCA

Um jovem visitou o escritório de Tommie King e pediu-lhe conselhos sobre investimento imobiliário. Tommie passou a tarde ensinando-o sobre compra e venda de terras. Mais tarde, quando contou a um amigo banqueiro o que ele fizera, seu amigo perguntou:

— Por que perder tempo com ele? O que ele pode fazer por você?

Dizem que Tommie gracejou:

— Fiz pelo mesmo motivo que o cachorro dorme o dia inteiro: porque gosto e porque posso!

Esta é a única maneira de dar. Quando você dá e espera retorno do investimento, é investidor. Quando você dá e espera reconhecimento público em troca, é promotor de si mesmo. Mas quando dá apenas pelo prazer de dar, é generoso.

Consideremos a palavra *generosidade*. Origina-se da palavra latina *generosus*, que significa "de nobre nascimento".[7] Ao longo do tempo, a palavra tornou-se associada ao espírito de nobreza. Os nobres davam aos pobres porque gostavam e, mais importante, porque podiam. Não tinham expectativa de receber algo em troca. Isso está no cerne do que significa ser verdadeiramente nobre.

Quando der, cuide para se livrar de toda expectativa de reciprocidade. Esse é o verdadeiro exercício para o músculo da generosidade, porque fortalece você para ser livre de ligações de tempo ou posses. Quando solta essas coisas e não faz conta do retorno, é verdadeiramente livre.

Alguns anos atrás, enquanto almoçava com um executivo de uma empresa da cidade, ouvi uma história de família sobre uma contribuição feita e um agradecimento não retornado.

— Deixe-me contar-lhe por que não dou mais minha rede de contatos — bufou o executivo. — As pessoas ficam contentes por permitir que você as conecte, mas se esquecem do conceito da gratidão. Um rapaz recém formado na faculdade veio até mim depois que falei numa conferência. Tinha um software e estava precisando da indicação de alguns investidores. Enviei-o a uma organização em Palo Alto e, antes que eu percebesse, conseguiu financiamento para lançar-se no negócio. Um ano mais tarde, fundou sua empresa. Provavelmente acabará ficando mais rico do que eu.

— Uau, que grande história — disse (ótima para mim, seja como for).

— Não acha — respondeu ele — que ele, pelo menos, deveria voltar a mim e dizer obrigado por ter um início bem-sucedido? Não acha que deveria agradecer pelo que fiz para ele?

Essa história levanta um ponto importante: quando você espera gratidão dos outros, ficará muitas vezes desapontado. No caso do executivo, dar o tornou uma pessoa menos generosa, porque ele tinha certas expectativas que não foram satisfeitas. Duvido que ele se livre desse apego na próxima vez que indicar um negócio ou der conselhos.

Pouco importando os esforços empreendidos, haverá momentos em que você dá e dá e nunca recebe um agradecimento. Enquanto você mantiver a noção egoísta de que deve receber gratidão em troca de caridade, está regredindo no desenvolvimento da generosidade.

Além disso, esperar agradecimento não é abordagem humilde para o ato de dar. Em muitos casos, nossos conselhos ou indicações são apenas uma peça do quebra-cabeça. Foi o que destaquei a esse magnata dos negócios.

— E a organização que você indicou para ele, eles financiaram toda a empresa? — perguntei.

— Não, inicialmente recusaram, mas depois se tornaram um pequeno investidor — respondeu.

— Este empresário precisou criar apresentações, fazer demos do produto, contratar pessoal, encontrar um lugar físico e arranjar os primeiros clientes? — perguntei.

— Com certeza, mas o que isso tem que ver com o que contei?

— Desculpe por dizer isso — continuei — mas o que lhe dá o direito de pensar que fez dele um sucesso? Por que você acha que o seu ato único fez toda a diferença na fundação da empresa dele?

Meu colega admitiu que nunca tinha pensado dessa forma.

Quando você dá para receber, em geral não dá.

Essa é outra razão para não esperarmos reciprocidade: o recebedor pode muito bem estar pagando adiantado. Muito provavelmente, o seu último caso de caridade está por aí ajudando a estranhos que você nunca conhecerá. Portanto, libere para que a próxima pessoa possa pagar adiantado.

Muitas vezes, quando alguém chega em nossa vida pedindo conselho ou ajuda, o detemos no esforço de determinar sua utilidade para nós. Queremos saber o que ele pode nos dar em troca. Essa abordagem é obstinadamente perversa. Não devemos investigar recebedores potenciais por sua utilidade. Devemos nos examinar para ver se podemos ser úteis a eles. Precisamos fechar a mente a todos os pensamentos sobre como poderiam nos reembolsar. Sabemos que estamos fazendo as coisas certas quando nossos recebedores perguntam: "Então, o que posso fazer por você?", e não temos resposta, porque nunca pensamos a respeito.

Uma ótima maneira de eliminar toda expectativa de receber algo em troca é *dar em particular*. Se você já teve um admirador secreto, compreende o poder da discrição. Você não precisa fazer nada a respeito; apenas desfrutar do elogio! Muitas vezes, porém, quando damos, o público nota. Edifícios podem ser chamados pelo nosso nome, ou o nosso nome é mencionado na TV durante a campanha de angariação de fundos. Dar de verdade, o tipo de dar que torna você generoso (isto é, "nobre"), é algo que você faz mesmo que ninguém nunca saiba.

Em 1972, um missionário e sua família fizeram uma apresentação em nossa igreja para arrecadar dinheiro para um orfanato no México. Mostrou slides das crianças, da vila e da igreja. Éramos a primeira de mais outras cidades que ele visitaria na tentativa de levantar cerca de vinte mil dólares.

Fez a apresentação na manhã de domingo e estava planejando voltar como pastor convidado naquela noite. No culto da noite, o pregador anunciou que o missionário estava a caminho do México para proceder imediatamente com a construção do orfanato. Um doador anônimo de nossa igreja fizera um cheque com a totalidade da quantia, além de um extra de dez mil dólares para despesas imprevistas! Era um grande mistério. Todo mundo olhava ao redor, pensando quem poderia ter sido o doador.

Billye sabia, mas tinha os lábios cerrados. Sua melhor amiga Ethel herdara recentemente uma fortuna quando seu marido faleceu. Não sabia o que fazer com o dinheiro até esse dia. Pediu conselhos de Billye, que era antiga patrocinadora do departamento de missões. Quando decidiu escrever o cheque, exigiu que Billye guardasse segredo e pediu ao pregador que mantivesse a doação em particular.

Quando perguntaram a Ethel por que estava fazendo de sua doação uma atividade altamente sigilosa, ela parafraseou uma porção das Escrituras: quando você dá aos mais necessitados, não deixe que a mão esquerda saiba o que está fazendo a mão direita, para que sua doação seja mantida em segredo.[8]

Ethel também explicou desta forma:

— Com o meu segredo, sou livre. Livre dos encargos da minha riqueza e dos sofrimentos do mundo. Livre da necessidade de avaliar a gratidão deste irmão para comigo. Livre de tudo, exceto da alegria de imaginar a diferença que a doação fará.

Permita-me fazer uma advertência: mesmo que você não espere nada, esteja preparado para aceitar a retribuição se alguém tentar lhe retribuir algo. Muitas vezes grandes doadores se orgulham de sempre estar "na parte de cima" da equação com as pessoas. Quando recebem um gesto de agradecimento de um recebedor, respondem dando ainda mais. Ouvi certo mega doador dizer a alguém: "Você nunca poderá dar mais do que eu!" Essa não é a forma de se pensar.

Quando deixa os outros expressarem gratidão retribuindo, você os liberta de sua dívida para com você. Se rejeita o que oferecem ou agrava a situação com outra oferta, os escraviza ainda mais. Ao negar o que oferecem, se firma como superior a eles. Mas quando graciosamente recebe a retribuição, os torna iguais a você. Outra razão por que é bom você permitir que os outros retribuam é que experimentará a alegria de receber, o sentimento de que os outros podem e irão ajudá-lo.

DÊ SEMPRE

Dar é como qualquer outro exercício: quanto mais você faz, melhor fica no que faz e mais ganha com isso. Você não deve fazê-lo de vez em quando, apenas em resposta a uma emergência ou no aniversário de alguém. Deve fazê-lo o tempo todo.

De todos os encantos de Billye, seu hábito de presentear é o mais cativante. Ela sempre tinha balas de caramelo na bolsa para dar às crianças. Nunca perdeu a oportunidade de elogiar a aparência de alguém, o que significava que muitas vezes levava dez minutos para sair de um salão de beleza. Quando ficava sabendo da dificuldade de um membro da congregação, era muitas vezes a primeira a se mexer para dar assistência.

— Para todos aqueles que dão tudo, mas que se decepcionam — disse ela — eu estarei lá. Encherei o seu vale com o meu amor.

Sempre que eu precisava de algo, rapidamente fazia com que eu tivesse.

— Todos os dias é Natal em nossa família — disse-me. — Não quero esperar até o final do ano para atender às suas necessidades. Posso atendê-las imediatamente.

Mesmo que fosse benevolente na igreja e na comunidade, sua família mantinha-se no centro da filantropia. Isso lhe oferecia a oportunidade de praticá-la diariamente.

Os doadores dão sempre, não só para melhorar no que fazem, mas também porque é a obrigação no mundo em que vivemos. Os tomadores do mundo são astutos, implacáveis e criativos nos esforços de roubar dos outros. Trabalham ininterruptamente. Temos que ser tão tenazes e justos quanto dispostos e ansiosos de aplicar nossos talentos permanentemente.

Em primeiro lugar, muito semelhante ao que a gratidão exige, você precisa *entrar em sintonia com as oportunidades diárias de dar*. Ouça o que as pessoas não estão dizendo para identificar as oportunidades de dar valor ou prestar assistência. Quando alguém está deprimido, pergunte o que está errado e se você pode ajudar. Gaste o tempo ocioso "pesquisando" para encontrar coisas e métodos que se conectem aos valores que você esposa e dar. Para ter este hábito, use o diário. Todos os dias, encontre três oportunidades para dar, por menor que sejam. Anote cada uma e se comprometa a tratá-las por um prazo determinado.

Em seguida, *programe dar em toda interação que você tiver com os outros*. O hábito de Billye me contagiou. Se você me visitar em casa, sairá com um presente. Convide-me para visitar sua casa e chegarei com um presente. Conversemos e tentarei compartilhar algum conhecimento ou fazer uma conexão da minha rede de contatos. Sempre pensei nisso como tradição da hospitalidade sulista, mas na verdade é uma maneira de constantemente estimular a generosidade pela repetição. Seja criativo, disposto a dar um objeto que um amigo elogiou. Não se preocupe se alguém não achar o presente apropriado. Você aprenderá com a experiência e refinará sua maneira de dar.

Você sempre tem um presente que pode dar. *Sempre*. Ricos, pobres, solitários, exaustos. Sempre deverá dar quando a oportunidade se apresentar. É como respirar. Se está vivo, você respira. Para citar um provérbio zimbabuano: "Se você pode andar, pode dançar. Se pode falar, pode cantar". É questão de abrir a mente e estar comprometido a dar.

Enquanto servia como capelão em um centro de queimados em Boston, o pastor Tim Kutzmark encontrou uma mulher que exemplifica esse ponto perfeitamente. Aqui, com sua permissão, está o relato sobre o que aconteceu:[9]

A noite em que ela chegou ao pronto socorro ninguém esperava que Margaret sobrevivesse. Tinha oitenta e seis anos de idade, e o fogo queimara grande parte do seu corpo. Naquele dia, ela estava no jardim, juntando folhas. Era conhecida e amada por compartilhar as coisas que cultivava no jardim. Abrindo a porta no início da manhã de um dia de semana, os vizinhos deparavam um buquê de narcisos frescos amarrados com uma pequena fita azul, ou talvez uma brilhante pimenta vermelha maravilhosamente formada.

— Não estava vivo de verdade — diria Margaret — a menos que fosse compartilhado.

No dia do acidente, ela estava queimando folhas em um poço fundo no quintal. Escorregou na grama molhada à beira do poço e caiu na [pilha de folhas] em chamas. Sem poder sair, ficou no fogo ardendo lentamente por horas até que um vizinho a encontrou.

Quando foi colocada na mesa de exame, começou a falar sobre a fé cristã. Um dos médicos se lembra:

— Lá estávamos, cortando a roupa, preparando-a para colocá-la em coma induzido, porque esta era a única maneira em que seu corpo talvez pudesse sobreviver nas próximas semanas, e lá estava ela, falando-nos sobre o amor

de Deus que estava à nossa volta. [...] Acho que todos trabalhamos com mais afinco para salvá-la. Ela nos lembrou que tínhamos talento, força e amor para compartilhar. E foi o que compartilhamos. Salvamos sua vida.

Quando lhe perguntaram sobre isso mais tarde, esta incrível mulher comentou:

— Fui criada para crer que você nunca fosse a algum lugar sem oferecer um presente. [...] Naquela noite, estava recebendo bondade de médicos e enfermeiras. Estavam me arrumando, me ajudando. À sua maneira médica, estavam me amando. Queria dar algo em troca. Queria amá-los também. Lembro-me de estar deitada na mesa pensando: Não tenho nada para dar. De algum modo, isso me machucou mais do que as queimaduras.

— Mas, então, pensei que sempre há algo a compartilhar. Sempre há um presente em todos nós para cada situação. Então, ofereci-lhes o que eu tinha. Ofereci-lhes minha fé. Disse-lhes que eles iam ser envolvidos, pouco importando o que acontecesse, em um grande, grande poder de cura e amor. Disse-lhes para não terem medo, mas confiarem na vida que se desenrolava neste momento. [...] E partilhei com eles até não mais poder partilhar.

A atitude dessa mulher é a essência do dar generoso.

8
Princípio V
PREPARE-SE

DURANTE O SEGUNDO ANO na escola de Ensino Médio, um vice diretor observador encaminhou-me ao escritório de discursos e debates, supondo que a atividade conviesse à minha personalidade falante. Envolvia falar rápido e raciocínio rápido, e havia troféus a serem ganhos. Depois de um torneio, eu estava viciado.

Levantei dinheiro suficiente para participar de um acampamento de debates em Dakota do Sul em meados do ano seguinte. Foi uma maratona investigativa, na qual cerca de cem alunos do Ensino Médio reuniram citações, estudos e estatísticas relacionadas ao nosso próximo tópico nacional.

De todas as atividades ligadas ao debate, coletar e arquivar provas era o meu favorito. Era sedutor trabalhar com fichas dez por quinze, divisores de cores codificadas e fichário de metal. A cada poucas horas que eu investia, media meu progresso pelos centímetros de fichas adicionadas à coleção. Nos torneios, eu precisava de um carrinho de mão para levar maletas recheados de ficha.

A primeira metade do penúltimo ano foi uma manta de retalhos de vitórias em torneios pequenos e derrotas em torneios grandes. Ganhava o torneio de Roswell, mas perdia lamentavelmente quando enfrentava escolas particulares em torneios em Albuquerque ou Houston. Mas essas experiências só reforçavam minha vontade de vencer. Todas as noites, depois do jantar, passava horas e horas cortando, colando e arquivando fichas no esforço de alcançar a concorrência.

Algumas semanas antes do Texas Tech Classic, grandioso campeonato realizado em fevereiro, Billye entrou no meu quarto por volta da meia-noite para me dar conselhos. Tinha observado minha obsessão pelas fichas de provas e meu constante estado de exaustão.

— Quando os juízes julgam você, recebe crédito extra por ter mais fichários de prova? — perguntou ela.

— Claro que não — respondi. — Votam a favor do lado que ganhou o debate.

— Isso é muito ruim — disse ela. — Porque parece que você trabalha sob essa suposição.

— Você não entende nada de debate — rebati. — Você precisa de todas estas fichas para provar suas afirmações ou refutar as afirmações do oponente.

— Então me deixe fazer algumas perguntas sobre o tema deste ano — disse ela. — É sobre a reforma do sistema de saúde?

— Assistência médica — disse, corrigindo-a.

— Diga-me então — continuou ela — qual é a história da assistência médica nos Estados Unidos? Quem construiu o primeiro hospital? O primeiro sistema de hospitais? Qual foi a primeira escola de medicina? Qual foi a primeira empresa de plano de saúde?

— Isso é história, não relevante para a política a ser debatida — disse.

— Seja paciente comigo — disse ela. — Qual é a história da regulamentação governamental sobre assistência médica? O que tem funcionado melhor? O que sempre parece não dar certo?

— Dê-me um caso específico e posso ter fichas a respeito — respondi.

— É exatamente o que quero dizer — disse ela. — Você está sendo amplo na assistência médica, o que significa que está preparado para um ponto superficial em todas as frentes. Mas não conhece o assunto profundamente. Se conhecesse a história da assistência médica, bem como o histórico da regulamentação desde o primeiro dia, teria um quadro de referência. Você seria ágil com os pés, podendo enfrentar novas ideias com a mente em vez de ter de usar a ficha.

Isso fez sentido para mim. Em várias situações, o conhecimento profundo teria me ajudado a enfraquecer severamente a defesa e argumentação da equipe adversária, mesmo sem fichas de provas. Percebi que minha limitação não era o tamanho da biblioteca da cidade. Era meu compromisso estudar realmente o tema em questão.

Billye tinha mais algumas perguntas relacionadas à minha preparação para o torneio:

— Por que nunca ouço barulho vindo do seu quarto? — perguntou ela. — Você faz discursos e refutações em torneios. Precisa ensaiar na frente do espelho, fingindo estar no torneio.

— Eu me sentiria um bobo — disse. — Não há ninguém aqui a não ser eu. É como falar sozinho. Além disso, treinamos os debates a cada poucas semanas na escola.

— Vocês simulam situações reais de torneio com exatidão ou apenas dão uma passada rápida em suas defesas e respostas? — perguntou.

— É apenas um treino. Então acho que apenas damos uma passada no nosso material.

— Quando participou no teatro da escola no ano passado, fez ensaios gerais antes da estreia? — perguntou.

— Por duas semanas antes da primeira apresentação.

— Ensaios completos com figurinos, adereços e maquiagem?

— Sim, exatamente como na apresentação real.

— Este preparo é fundamental — disse Billye. — Dessa forma, o professor de teatro pôde fazer ajustes técnicos antes da noite de estreia. Permitiu também que todos se acostumassem com o ambiente da representação de cada um.

— Entendo — disse — mas debater não é a mesma coisa que entreter.

— Mas debater é uma representação. Não é nada diferente de atuar, cantar ou mesmo vender algo. Quando você não ensaia os "improváveis", provavelmente se atrapalhará quando estiver no torneio. Enquanto continuar brincando com as fichas em vez de preparar-se plenamente, se decepcionará com os resultados.

Todas essas perguntas estavam começando a me aborrecer, e agora era meia-noite e meia. Senti como se Billye estivesse sendo dura comigo, então fiquei na defensiva.

— Estou me esforçando mais do que qualquer outra pessoa que conheço.

Lembro-me de sorrir e pegar minha mão.

— Há uma enorme diferença entre se esforçar e estar disposto a fazer o esforço necessário para preparar-se para as oportunidades da vida. O mais bem preparado sempre ganha. Para ser o mais bem preparado, precisará fazer algumas coisas que não são necessariamente divertidas ou fáceis.

Na manhã seguinte, acordei convicto de que minha avó estava ciente de alguma coisa. Eu precisava estar realmente preparado se quisesse ganhar. Passei a semana seguinte na biblioteca, aprofundando-me na história do sistema médico americano, da empresa à legislação. Não parei até ser uma enciclopédia ambulante sobre o tema.

No quarto, ensaiei meus comentários iniciais, então tomei o lado oposto e refutei essas observações. Convenci uma equipe vizinha em Clóvis a encenar uma série de debates com a minha equipe. Tínhamos uma audiência, um cronometrista e um juiz, exatamente como na situação real.

Quando nossa equipe competiu no Texas Tech Classic, vencemos uma escola de cidade grande de San Antonio a caminho de ganharmos o terceiro lugar. Trouxe para casa um troféu de noventa centímetros de altura, o que emocionou Billye.

Em maio, no torneio estadual, chegamos à semifinal, a melhor colocação para uma equipe de debates de Clóvis. O sistema de Billye funcionou durante meu ano no Ensino Médio e em toda a faculdade, ajudando-me a ganhar mais de duzentos troféus durante minha carreira de debate.

Meu nível de preparação me tornou resistente quando confrontado com a adversidade e proativo quando mostrado oportunidade. Ajudou-me a competir em um nível que excedeu meus mais sublimes sonhos, como um menino que vai de jogar futebol americano no Pop Warner a fazer parte de uma equipe do campeonato do Super Bowl. Um dos meus heróis de infância, Tom Landry[*], fez da preparação a parte científica de sua abordagem para treinar os Dallas Cowboys.

— Se vocês estiverem preparados — disse a seus jogadores — estarão confiantes e farão o que têm de fazer.[1]

Há diferentes níveis de preparação. No meu caso, eu abordava a preparação taticamente: reunir recursos, organizá-los e praticar minha habilidade. É assim que você provavelmente aborda os desafios da vida, sejam eles na esfera de vendas, negócios ou eventos sociais.

Os desafios são geralmente muito mais intensos do que o nível de preparação. Há sempre desenvolvimentos imprevistos, esforços extras que demandam ajustes e uma resolução prolongada. Essas variáveis minarão a confiança daqueles que fazem apenas a preparação superficial.

---

[*]**N. do E.:** Tom Landry foi um jogador e técnico de Futebol Americano.

Para estar profundamente preparado, precisará mergulhar em seu desafio, muitas vezes conectando-se com uma parte diferente de si mesmo, a qual você não está acostumado. A preparação profunda é árdua e exigente. Tirará você da zona de conforto. Para o observador externo que está feliz só por passar pela vida, parecerá um exagero. Só o obsessivo iria tão longe. É por isso que a maioria das pessoas acaba escolhendo preparar-se a nível superficial.

Desde o dia em que li pela primeira vez sobre Mark Cuban até o último dia em que trabalhei para ele, respeitei seu insano nível profundo de preparação. Ele tinha uma visão difícil de alcançar: ser um empresário bilionário. Para isso, precisaria criar um início bem-sucedido, torná-lo público e vendê-lo para uma empresa global de alto nível no auge do mercado em alta.

Em menos de seis anos, fez exatamente isso com a Broadcast.com. Ao longo do caminho, expôs os elementos de profunda preparação que estou prestes a revelar, os mesmos que Billye admoestou-me a dominar quando estava na escola de Ensino médio. Cuban sabia que a maioria das pessoas não disporia a se preparar como ele. Por fim, emergiu como um dos empresários mais bem-sucedidos da era da internet.

Recentemente, para um artigo sobre sucesso no empreendedorismo, Cuban foi convidado a compartilhar o melhor conselho de negócios que ele já recebeu. A resposta que deu é o desafio para você: "Recebi de Bobby Knight, quando eu estava na faculdade [na Universidade de Indiana]. Ele disse: 'Todo mundo tem vontade de vencer, mas somente aqueles com a vontade de se preparar que vencem'. [...] Quanto mais eu conversava com amigos, mais percebia como ele estava certo. [...] Ao fundar e fazer empresas crescer, isso se tornou o princípio central de como eu abordava tudo o que fiz".[2]

Adicione à preparação que você já tem os seguintes três elementos, e também encontrará o caminho para avançar de um saldo do bom para o excelente em tudo o que você faz.

SEJA INTELIGENTE

Dizem que Abraham Lincoln falou o seguinte: "Se eu tivesse só uma hora para cortar uma árvore, passaria os primeiros quarenta e cinco minutos afiando o machado". Ainda que ele tenha aprendido esta lição durante o tempo em que cortava lenha, foi muitas vezes reforçada durante sua carreira política. Como um machado recém afiado, o conhecimento tem o poder penetrante de mover você rapidamente da oportunidade para a realização.

Se está começando uma empresa, um trabalho, um produto ou um projeto, comece a jornada, expandindo sua base de conhecimentos relevantes para a tarefa em mãos. Em *Pense e Enriqueça*, Napoleon Hill apresentou a defesa para essa abordagem com base no seu estudo de homens altamente bem-sucedidos, como Andrew Carnegie, Henry Ford e Thomas Edison. Ele escreveu: "Homens prósperos, em todas as vocações, nunca deixam de adquirir conhecimento especializado relacionado ao projeto, negócio ou profissão que abraçaram".[3]

Esta foi minha abordagem quando fui trabalhar no Audio Net em 1997 (mais tarde, o nome da empresa mudou para Broadcast.com). Ainda que eu tivesse certos conhecimentos gerais de transmissão pela internet e marketing on-line, não tinha profunda compreensão de seus pormenores mais sutis e conceitos relacionados. Então, elaborei um programa de aprimoramento pessoal e, ao longo de três anos, especializei-me em tudo relacionado à internet e marketing. Isso acabou me dando a posição de diretor da Yahoo! ValueLab, um grupo de pensadores dentro da organização.

Embora o nosso grupo fosse pequeno, éramos entusiastas em conhecimentos especializados, empregando técnicas que estou prestes a revelar. Instruímos os principais clientes, as associações comerciais e os analistas de mercado de ações de 2000 a 2003. Fizemos profundas investigações analíticas em possíveis parceiros de marketing. No final, impulsionamos um quarto de bilhão de dólares da receita da empresa em 2002. Nosso conhecimento especializado nos deu a coragem de prever e a habilidade de assessorar os outros sobre estratégia. Este grupo não era um bando de trituradores de números com protetores de bolso e réguas de cálculo. Éramos leitores vorazes que gostávamos de conversar sobre teoria, realidade e história. Era mais parecido com um grupo de estudo de pós-graduação do que uma operação de mineração de dados.

Para verdadeiramente ser inteligente, você terá de se esforçar em muitos níveis. Você lerá mais do que já pensou que leria. Terá que pensar propositadamente sobre o que leu e digerir em pepitas de novas ideias. Precisará colocar-se lá fora, discutindo estas pepitas com os colegas e estando disposto a debater essas questões. Muitas vezes terá de empregar poderes criativos, associando fatos ou exemplos não relacionados para obter novos *insights*.

Se você não tomar cuidado, poderá cair na armadilha das distrações, em cuja situação realiza menos atividades conscientes que produzem progresso. Em minha carreira de debates, cortar, colar e arquivar fichas de provas foram minhas distrações. Sentia como se eu estivesse fazendo o meu trabalho, mas não exigia elevado trabalho mental (que fazia minha cabeça doer!). Para o vendedor, as distrações podem ser organizar projetos ou trabalhar desinteressadamente no programa de automação de vendas. Para o gerente, as distrações podem ser encontradas na compilação ou edição de relatórios, desde despesas a previsões.

Se você se encontra diante de um desafio intelectual assustador e, então, recorre à distração de "fazer uma pausa", caiu na armadilha. É uma vergonha, porque se você fosse o mais inteligente da equipe, não estaria fazendo esses afazeres. Estaria ocupado com a estratégia. Minha experiência me ensinou que dez horas sendo inteligente produz o mesmo valor criativo que quarenta horas de distração.

> **Dez horas sendo inteligente produz o mesmo valor criativo que quarenta horas de distração.**

LEITORES SÃO LÍDERES

O primeiro passo no caminho para ser inteligente é ler profundamente. Para isso, você precisará dedicar alta percentagem do tempo de pesquisa para a leitura de livros relacionados ao trabalho ou oportunidade. Até agora, você pode ter tido o hábito de lambiscar, ou seja, ler artigos ou posts sobre determinado assunto. Essa é a investigação ao nível superficial, e lhe dá o mesmo conhecimento geral que todo o mundo que você conhece tem. Ler livros levará você muito mais a fundo em um assunto.

Os leitores de livros são líderes. Muitos dos executivos mais bem-sucedidos que conheço são leitores vorazes. De acordo com minha Pesquisa de Ferramentas de Mercado de 2007, o empresário médio lê cerca de um livro por ano relacionado à sua profissão. O chefe médio (diretor executivo, diretor operacional, diretor financeiro, etc.) lê seis livros no mesmo período. É por isso que o programa para você ser inteligente começa na livraria e não com uma busca no Google.

Leia livros que ajudem você a entender plenamente o "espaço" no qual opera. Pense em seu espaço como todas as pessoas, lugares e coisas que ocupam a indústria na qual está ou o papel que você tem na vida. Por exemplo, percebi que a indústria da internet era um espaço em que os usuários pesquisavam, comunicavam-se e compravam. Isso me deu uma pista sobre como eu precisaria ser profundo nas leituras para entender suas atitudes e comportamentos para que pudesse prever as futuras tendências.

Primeiro, li todos os livros importantes que falavam a respeito da internet, comércio eletrônico e tecnologia da informação. Isso me deu uma referência de dados sobre a indústria. Então mergulhei em livros de marketing, publicidade, atribuição de marca, comportamento humano e tecnologia de compra para o consumidor.

Para entender o espaço de negócios, pense na indústria ou história da tecnologia, jogadores de sucesso, economia e tendências que influenciam o sucesso ou o fracasso. Vasculhe as revistas especializadas no seu ramo de negócios ou sites em busca de recomendações de livros. Quer sejam para fins profissionais ou parentais, os livros lhe dão uma visão incrível. Vá à livraria e invista algumas horas por mês para encontrar dois ou três novos livros que aprofundem seus conhecimentos relacionados ao seu espaço.

Quando ler livros, tome notas como se estivesse na faculdade. No meu primeiro livro, *O Amor é a Melhor Estratégia*, chamei isso de abordagem "ressaltar e marcar".[4] Foi o que Billye me ensinou quando eu era criança. Quando você vir uma grande verdade, destaque e anote juntamente com o número da página na parte de trás ou da frente do livro (nas páginas em branco). Se estiver usando um leitor de e-book, como Kindle ou iPad, isso é muito fácil de fazer. Mais tarde, empregará essa abordagem para fazer revisão rápida ou partilhar com outras pessoas.

Em determinado momento, se sentirá como uma enciclopédia ambulante pertinente ao espaço em que você está. Olhe cada novo projeto, apresentação, produto ou oportunidade de negócio como oportunidade de ler um novo livro. Quando o escritor e guru de marketing Seth Godin escreveu *Linchpin* (Pivô), ele leu mais de cem livros relacionados, mesmo que já fosse perito em muitas áreas.

A essa altura, você pode estar pensando: *Onde encontrarei tempo?* Essa é a principal razão para lermos em pequenos bocados. Leve livros com você em todos os lugares que for. Você tem tempo quando está no trânsito, esperando entre reuniões, comendo sozinho, antes de ir para a cama e quando se levanta. Reduza a internet, alguns eventos desportivos ou de entretenimento e conversas ociosas e, então, encontrará tempo para ler um grande livro todos os meses.

Com livros como fundação de conhecimento, escave os dados encontrados nas notas de rodapé e em estabelecimentos comerciais altamente especializados para compreender como a teoria faz a interseção com a realidade. Aprenda a diferençar a boa metodologia de opiniões de modo a afiar seu senso do que constitui "prova". Solicite dados, relatórios ou fontes primárias de pessoas com quem se encontra e leia as letras pequenas que são difíceis de ler.

Quando lidar com novas empresas, pesquise-as extensivamente para entender sua história, modelo de negócio, valores e situação atual. Crie um resumo de duas páginas com tópicos relevantes e confirme sua compreensão de cada empresa compartilhando seu resumo com eles. Eles ficarão impressionados com o trabalho que você faz!

CONHECIMENTO DE REDE DE CONTATOS

A segunda maneira de ser inteligente é formar uma rede de contatos. A esta altura, você se tornou um especialista no trabalho, e agora está pronto para juntar forças com os outros para multiplicar sua base de conhecimento. O ponto de partida é a conversa: fale sobre os livros que está lendo e compartilhe dados que descobriu. Transforme conversas casuais ao lado de um bebedouro sem conversas de alta reflexão, que muitas vezes gerarão entusiasmo (ou seja, confiança) em outras pessoas. Quanto mais coisas estiverem mudando, mais valioso será seu conhecimento para os outros.

Crie listas de livros que recomenda para os outros. Quando fizer uma apresentação, dê seu endereço de e-mail e ofereça uma lista de livros para todos que contatarem você. Descobrirá que as pessoas ficam felizes em compartilhar suas dicas de livro com você também. Por fim, criará um *loop* de conhecimento no qual recebe dezenas de recomendações de livros dos outros todos os meses.

Forme seu próprio grupo de pensadores ou, como Napoleon Hill cunhou, grupo de gênios. Mantenha o grupo relativamente pequeno, até seis pessoas no máximo, como um grupo de estudo universitário. Faça uma reunião semanal ou mensal para discutir as conclusões, grandes livros ou lacunas de conhecimento que precisam ser tratados. Centralize a atenção em cenários futuros e sobre como a história pode fornecer *insight*. Não limite o grupo aos colegas de trabalho; se for apropriado, trabalhe em grupo com pessoas da indústria ou mesmo com concorrentes.

MENTORIA

A última abordagem para ser inteligente é o que chamo de "mentoria". É o ato de ser mentor para outra pessoa e, ao mesmo tempo, ter um mentor próprio. Stanley Marcus Jr. foi um mentor para mim, porque percebeu que eu estava com fome de conhecimento de negócio, varejo e marketing, e imaginou que aprenderia algo com a permuta. Ele tem razão; sempre aprendemos pelo ensino. Quem está sob sua mentoria lhe traz muitas vezes *feedback* da vida real ou recursos extras que você ainda não tem. Pense nisso como rede de conhecimento! (Outro benefício da mentoria é que quando você está compartilhando conselhos, está revivendo uma experiência de sucesso e incutindo seus valores mais profundamente na psique.) É por isso que Marcus me disse que "você nunca ficará mais burro, tornando alguém mais inteligente".

Para assegurar um mentor de qualidade, seja aspirativo e escolha uma pessoa de destaque, um líder no seu campo de atuação. Billye muitas vezes me dizia para sair e estudar com os mais inteligentes, especialmente com aqueles que estavam me suplantando.

— O sucesso não é exclusivo — disse ela. — Na verdade, é altamente contagioso. Se você procura estar com pessoas bem-sucedidas e se oferece para ajudá-las, o levarão ao sucesso, porque é solitário estar no topo. Mais tarde, lhe dirão tudo o que sabem para ajudar você.

Talvez você precise fazer algum trabalho estafante para ter algumas aulas com seu mentor de destaque, porque se ele for uma pessoa de muito sucesso, estará muito ocupado e aceitará sua oferta.

Uma maneira infalível de obter mentoria é voltar para a escola. A Universidade de Phoenix fornece ensino substancioso através de aprendizagem on-line, bem como através de aulas com instrutores. O site www.lynda.com oferece tutoriais em vídeo e textos sobre uma variedade de assuntos. Profissionais que investem tempo na educação de adultos avançam tremendamente em seus conhecimentos por causa da estrutura que o curso proporciona, o fato de não ser gratuito e o orgulho de completar ou estudar assim.

Todos os anos, melhore seu currículo de conhecimento através da autoeducação. Caso contrário, terá que arranhar, raspar ou repetir seu caminho rumo ao semissucesso na vida. Sempre fico espantado quando falo com alguém que vive a vida superficialmente e sem intensidade. Sinto como se ele tivesse abandonado os estudos no dia em que deixou a faculdade para trabalhar no mundo real.

O segredo do sucesso de Stanley Marcus Jr. como empresário está no fato de que ele tinha fome de conhecimento até seu último dia de vida, não apenas durante os anos da faculdade. Ele escreveu: "Onde está escrito que a alegria de aprender pertence às primeiras décadas de vida? [...] A estimulação do processo de aprendizagem é mais rejuvenescedor do que outra fonte mítica de juventude".[5]

Seja inteligente, e terá o entusiasmo juvenil em seus desafios. Quando as condições mudarem de repente, terá firme e amplo quadro de referência para evocar em seus ajustes. Quando tiver feito sua pesquisa, se sentirá intelectualmente preparado para tudo. O futuro lhe será familiar, visto que a sua maior parte está previsto nos livros que você leu. A mudança será seu amigo, o grande equalizador.

ENSAIE TUDO

A definição comum de ensaio é uma "sessão prática preparatória para uma aparição pública".[6] Como aprendi com Billye durante meus anos de debates, ensaiar envolve consideração cuidadosa do ambiente de apresentação e da audiência. Eleva sua preparação do nível mecânico ao reflexivo.

Você pode estar dizendo: *Não sou ator. Então, não preciso ensaiar. Já basta praticar minhas habilidades.* Essa não é a forma de se preparar para o sucesso. A vida é uma série de apresentações com uma audiência, no contexto das circunstâncias. Conversas, demonstrações, reuniões, argumentos de venda, textos e tarefas qualificadas ocorrem, em algum momento, em determinada situação crucial.

Você deve ter crescido ouvindo a frase "a prática faz a perfeição". Ainda que haja valor em repetir uma tarefa ou exercício para dominá-lo, a prática não aperfeiçoa quando você enfrenta adversidades ou novas circunstâncias. Já vi palestrantes bem treinados tropeçarem, quando as apresentações em PowerPoint travam ou parecem erradas. Já vi vendedores que tinham praticado seus argumentos de venda dezenas de vezes ficarem com aquele olhar de cervo cegado por faróis, quando alguém interrompe a apresentação com uma objeção. Já li sobre excelentes cirurgiões estreantes ficarem confusos, quando algo de errado ocorre em uma operação de verdade.

Não querer ensaiar é natural, porque ensaiar é difícil! Requer mais pensamento, imaginação, fingimento e planejamento do que você está acostumado. Em muitos casos, exigirá que enfrente o futuro, incluindo o pior cenário. Um ensaio completo devorará tempo e recursos.

A prática, por outro lado, é fácil e rápida.

Enquanto você acreditar que a prática é suficientemente boa para a perfeição, continuará a cair na armadilha de passar por cima: você passa rapidamente pela apresentação sem pensar, contando o número de vezes que fez para medir o progresso. Em alguns casos, se praticar muito, é mais provável que tropece durante a apresentação real, porque ficou acostumado a condições perfeitas, nas quais não há *feedback* externo.

Para manter a confiança, aborde cada apresentação com a mentalidade de que ensaiará tudo e que nada o surpreenderá quando estiver no palco. Até ensaiei escrever este livro antes de sentar-me e digitar. O ensaio ajudou-me a organizar os pensamentos e a desbloquear-me, além de evitar o padrão de digitar e deletar repetidamente. Portanto, aceite os seguintes conselhos diante de apresentações públicas e aplique-os a qualquer tarefa que você realizar.

Ensaie o dia que está à frente no fim do seu ritual matinal. É o que Aveda, fundador da Horst Rechelbacher, faz todos os dias. Chama isso de "ensaiar o futuro". Faço toda vez que tenho um dia agitado ou uma viagem complicada a fazer. Chamo de "passar pelos meus movimentos de dança". Quanto mais penso sobre o que estou enfrentando, mais relaxado fico quando chega a hora.

Crie uma estrutura de tópicos. Muitas apresentações envolvem criação e comunicação de conteúdo, que deve começar com a estrutura de tópicos. Considero a estrutura de tópicos parte vital do processo do ensaio. Organiza os pensamentos e desenvolve uma abordagem linear para qualquer evento de comunicação. Permite-me também ver claramente para onde estão indo os meus pensamentos.

Tenho um quadro branco no meu gabinete, onde, antes de escrever uma apresentação, um artigo ou um capítulo, coloco meus pensamentos em pontos de destaque. Uso minha câmera digital para registrar esses tópicos assinalados no quadro. Então, muitas vezes, apago o quadro e refaço a estrutura de tópicos. O exercício me ajuda a ver onde estou perdendo a sequência lógica do que quero dizer.

Crie a estrutura de tópicos do ponto de vista da plateia, seguindo o processo de pensamento. Nick Morgan, escritor e treinador de discurso, explica desta forma: "O objetivo no discurso é levar a plateia a passar pelo processo de tomada de decisão, para que resolvam um problema que tenham e para o qual você tem a solução. Sejamos bastante claros a respeito:

você está fornecendo a solução, embora possa fazer a plateia preencher certos pormenores. Mas é você que os levará a essa solução, respeitando e seguindo o processo de tomada de decisão".[7]

Pense na estrutura de tópicos como o primeiro ensaio antes da criação do produto que apresentará. Incluo aqui porque uma boa estrutura de tópicos é feita em antecipação a emoções, noções preexistentes e prazos da plateia. Mais tarde, quando ensaiar a apresentação, poderá consultar a estrutura de tópicos para fazer os ajustes técnicos à ordem e fluxo.

ENCENE UMA SIMULAÇÃO

O tipo mais eficaz de ensaio é a simulação, na qual atua em circunstâncias quase idênticas ao evento real. Isso começa com pesquisas que você faz. Para qualquer apresentação, primeiro reúna informações sobre o ambiente, a iluminação, o equipamento audiovisual e a disposição das cadeiras. Providencie um ensaio no local que usará mais tarde, se possível. Use os recursos visuais exatamente como usará na hora da apresentação. Recrute voluntários para ser a plateia. Leve um relógio para testar o *timing*.

Quando se tratar de uma conversa ou reunião informal, peça para um colega de trabalho representar a outra parte. Certifique-se de informar-lhe quem ele está representando, inclusive os traços de personalidade da pessoa em questão e que emoções ela pode estar sentindo. Se seu colega estiver disposto e houver tempo, inverta os papéis, para que você experimente o outro lado da conversa.

Quanto mais esforços você colocar ao representar o ambiente real da apresentação, mais bem preparado estará. Quando mais tarde você estiver no momento real, a familiaridade permitirá que relaxe e faça uma apresentação do mais alto nível.

A simulação também funciona para procedimentos técnicos. Os médicos do hospital da Universidade de Rochester simulam cirurgias vasculares e constatam tremendo aumento nos resultados positivos durante as situações vitalmente cruciais. Como relata certo cirurgião: "Não há o que aumente a confiança em si mesmo e sua equipe quanto ser bem-sucedido na sala de operação durante uma simulação".

Nenhuma simulação é exata. Por isso, você terá de usar a imaginação para preencher as lacunas. Você já deve ter feito isso quando criança, fazendo de conta que era um famoso apresentador de programa de televisão, ou jogador de futebol ou ator. Brinquei muitas vezes de faz de conta. Colocava o LP *Meet the Beatles!* no toca-discos da sala de estar e fazia um concerto, usando o cabo reto do aspirador de pó Kirby como microfone improvisado.Visualizava-me enchendo o estádio Dodger com a minha voz, ouvia o rugido da multidão depois de cada apresentação e até me inclinava para agradecer. Billye se escondia num canto, assistindo ao meu ato e sorrindo consigo mesma. Mais tarde, creditou meus concertos de faz de conta à minha falta de medo de apresentar-me na frente de multidões.

De qualquer maneira, tendemos a nos livrar da disposição de suspender a descrença sobre a realidade, reservando-a para assistir a filmes ou ler romances. Pensamos que estamos sendo imaturos quando fingimos. Que vergonha, pois ser capaz de fingir pode ser uma poderosa ferramenta para você. Quanto mais relaxa, imagina e representa um pouco, mais forte a experiência de ensaio pode ser.

VERBALIZE NA FRENTE DO ESPELHO

Se você está se preparando para fazer uma comunicação e uma simulação é impraticável, faça uma verbalização do conteúdo. Dizer as palavras em voz alta ajuda a avaliar corretamente o *timing* e trabalhar o fraseado e a fala. Winston Churchill, Woodrow Wilson e o evangelista Billy Sunday verbalizavam na frente do espelho, olhando-se diretamente nos olhos.[8]

Em *The Magic of Believing* (A Mágica de Crer), Claude Bristol chama isso de técnica do espelho. Inicialmente, funciona porque força você a ser o seu próprio público e a acreditar no que está dizendo. "Se você pode convencer a si mesmo, pode convencer aos outros", escreveu Bristol.[9] É verdade. Pense nas palavras de ânimo que você diz na frente do espelho do banheiro durante tempos de dificuldade. A mente consciente exprime a mente subconsciente, que muitas vezes acredita no que você está dizendo e alinha o sistema nervoso para apoiar a mensagem. O resultado é poder.

Bristol continua: "É o que chamo de método turbinado de intensificar as forças subconscientes do palestrante, de modo que quando aparecer diante do público essas forças fluem e afetam os ouvintes".[10]

Quando faz contato visual consigo mesmo, quando verbaliza a mensagem no ensaio, se sente à vontade para enfrentar um dos seus maiores críticos: você. Mais tarde, consegue ter com os outros a mesma inalterabilidade de olhar e produz um olhar forte que exala confiança. O resultado é membros da plateia mais receptivos, que estão dispostos a acompanhá-lo, porque sentem como se você estivesse se conectando com eles.

Cada vez que tenho um compromisso para falar, emprego essa técnica no quarto do hotel no dia do evento. Levanto-me suficientemente cedo para ter tempo para a verbalização do discurso todo. Tomo banho e visto-me para a palestra. Se estou usando slides, coloco o laptop em uma mesa abaixo ou perto do espelho. Dou a palestra inteira, mantendo contato visual comigo mesmo, exceto quando preciso avançar os slides. Imagino o público, o lugar em que farei a apresentação e até mesmo o palco. É como que se um grupo famoso estivesse cantando ao vivo outra vez em um estádio cheio! Mais tarde, quando é hora de dar a palestra, não fico sentindo um frio no estômago. Estou pronto para dar a palestra de novo.

Outro benefício da técnica do espelho é melhor adaptabilidade. Tendo em vista que ativei a mente subconsciente pelo contato visual, ela pode assumir o controle durante a apresentação real, liberando, assim, parte da mente consciente para observar as reações do público e ajustar a palestra em tempo real, conforme necessário, em resposta a essas reações. Porque ensaiei bem, não preciso "pensar" para me lembrar do próximo ponto ou como devo expressar algo.

A técnica do espelho não se limita a discursos. Funciona como mágica para reuniões, conversas importantes, argumentos de vendas ou até mesmo palavras de incentivo. Se você praticar suficientemente, ficará de forma automática em modo de ensaio ao escovar os dentes pela manhã e fazendo contato visual com você mesmo.

VISUALIZE MENTALMENTE

O último tipo de ensaio é a visualização, que ocorre inteiramente na mente. É muito útil para procedimentos, técnicas ou treinamentos para competições. Às vezes você não tem tempo ou lugar para verbalizar na frente do espelho, mas pode visualizar a apresentação em qualquer lugar.

O ensaio mental exige o mais alto nível de imaginação para trabalhar a mágica. Deve evocar imagens das condições que encontrará: o lugar, o público, a ambiência, sua aparência, ou seja, tudo. Quanto mais vividamente ver as imagens na mente, mais familiares serão quando estiver vivendo a realidade delas.

Há vários anos, Judd Blaslotto realizou um estudo na Universidade de Chicago, que mostrou os benefícios na apresentação do ensaio mental.

Comparou um grupo de participantes que praticava lances livres de basquetebol a um grupo que apenas visualizava o mesmo número de lances livres. No final do mês, ambos os grupos tinham praticamente o mesmo nível de melhoria![11]

Hoje no mundo dos esportes, as visualizações são parte fundamental da preparação, enquanto treinadores e atletas alavancam seu poder formador de confiança. Na próxima vez que assistir aos jogos olímpicos, se olhar com cuidado, verá atletas fechando os olhos antes da corrida de esqui ou da sessão de ginástica e visualizando a próxima apresentação.

NÃO SE ESQUEÇA DE PREPARAR-SE PARA OS IMPREVISTOS

Depois de Billye ter entrado em meu quarto naquela noite e me dado conselhos, comecei a ensaiar minhas apresentações de debate no quarto. Quase sempre, porém, assim que começava a falar, ouvia o aspirador de pó no quarto adjacente. Por fim, alguns dias antes do Texas Tech Classic, saí do quarto e confrontei Billye por sempre atrapalhar meu ensaio.

— Não está vendo que estou ensaiando? — perguntei.

— Gostaria de me apresentar — disse ela, sorrindo e estendendo a mão. — Sou a zeladora da universidade e hoje é o dia de limpar esta sala de aula.

Ela estava fazendo uma observação importante: as situações nunca são perfeitas. Como era de se esperar, no torneio o sino da escola tocou durante minha apresentação, provando que ela estava certa.

Quer você esteja fazendo uma simulação, uma verbalização ou uma visualização não se esqueça de incluir os imprevistos e distrações no ensaio. Quando eu fazia meus concertos de rock imaginários quando criança, a multidão estava comigo desde o "Olá, pessoal!" e nunca levei em conta falhas no sistema de alto-falantes ou o arrebatamento de uma corda da guitarra. Mais tarde na vida, quando fazia as apresentações, eu estava mal preparado para os imprevistos. Estava ensaiando um conto de fadas, não um cenário do mundo real.

Uma parte importante da preparação é *antecipar as objeções aos comentários que fará em uma conversa ou apresentação*. Esboce respostas para superar as objeções e separadamente ensaie apresentá-las à pessoa que está fazendo a vez do público cético ou ao parceiro de conversa. Quanto mais você enfrentar objeções durante a preparação, mais estará convencido de que está certo, fato que lhe dará certeza quando necessário.

Certo estudo publicado no *European Journal of Social Sciences* revelou uma descoberta revolucionária: os adolescentes que mentalmente ensaiaram vencer situações adversas competitivas ganharam muito mais confiança em suas habilidades futebolísticas quando jogaram futebol. Chama-se domínio de motivação específica (MS-Mastery, na sigla em inglês). Neste caso, você se visualiza dominando uma situação desafiadora, não apenas passando por ela com bom resultado.[12]

Para uma simulação, instrua a pessoa que está fazendo a vez do público a ser realista ao fazer objeções ou demonstrar linguagem corporal desagradável. Para uma verbalização, não desligue o celular, ou melhor ainda, ligue o televisor (mas mantenha o volume baixo). Para uma visualização, imagine dificuldades na apresentação e como as superará. Não crie um ambiente irrealisticamente desafiador. Trata-se de um ensaio, não um campo minado. Você quer ensaios de sucesso para ter apresentações de sucesso.

É muito difícil estar devidamente preparado para as distrações. Celulares tocando, alarmes de incêndio soando, pessoas de repente levantando-se e saindo são fatos que podem atrapalhar e irritar você, independentemente do quanto você tenha ensaiado. Então, durante a vida inteira, ensaie lidar com distrações.

Por exemplo, quando estiver viajando de avião e lendo e-mails atrasados, converta o choro de bebê atrás de você de um aborrecimento para uma oportunidade de fazer uma apresentação com distrações. Quando estiver em uma reunião ou conversando e o celular de alguém tocar ou alguém tirar de repente o Black Berry para verificar os e-mails, trate como oportunidade para a prática de ignorar distrações. Este procedimento não só preparará você melhor, mas também transformará as distrações de experiências negativas a oportunidades construtivas.

Ao incluir os imprevistos no processo de ensaio, eliminará o elemento de surpresa mais tarde, quando aparecerem durante a apresentação real. Objeções haverá, distrações ocorrerão, mas você sorrirá interiormente e pensará: *Esperava por isso!*

Algum tempo atrás, um amigo contou uma história de sucesso relacionada ao ensaio. Stan Chen queria pedir um aumento para o chefe. Fazia mais de um ano que este prometera lhe dar. Stan previa uma conversa difícil que engordaria seu contracheque ou o levaria a pedir demissão. Escolheu o dia e ocasião do pedido: uma viagem de carro com o chefe para visitar um cliente em uma cidade vizinha.

Durante as duas semanas que desembocariam neste encontro com o chefe cara a cara, ensaiou o que diria e como responderia às objeções. Para tornar as coisas mais realistas, ensaiou enquanto dirigia o carro ida e volta ao trabalho. Pediu à esposa e mais tarde a um colega de trabalho que fosse com ele e fizesse o papel do patrão. Encheram-no de perguntas, pretextos e adiamentos, o que o ajudou a retocar as respostas.

Quando chegou o dia da viagem de carro, Stan estava calmo e sereno quando começou a conversa. Como era de se esperar, o chefe tinha algumas objeções a fazer, mas Stan estava preparado e respondeu-as com clareza e confiança. No final, não só ganhou o aumento, mas o chefe ficou tão impressionado com ele que promoveu Stan a um cargo de supervisão! Stan é prova viva de que o ensaio prepara para qualquer coisa.

NOTA FINAL DE PREPARAÇÃO: IMPORTE-SE COM O CORPO

Neste ponto, através de investigação e ensaio, você já deve estar mentalmente preparado para as oportunidades e desafios da vida. Mas, para citar W. Stone Clemente e Napoleon Hill: "Você é uma mente com um corpo!".[13] Em outras palavras, tem que cuidar do corpo para obter o máximo proveito da mente.

A mente tem um computador central, o cérebro, que precisa funcionar corretamente para a mente trabalhar. A falta de descanso pode comprometer a capacidade de o cérebro distribuir as informações corretamente. É por isso que quando você está esgotado, facilmente se torna emotivo. O cérebro começa a falhar, e a função lógica é inibida.

Quando não se sente bem, o subconsciente diz à mente que algo está errado e desvia o pensamento à condição física. Coloca um conjunto de pensamentos distrativos na consciência, muitas vezes produzindo emoções negativas como ressentimento ou raiva.

Na noite anterior a um grande desafio, faça o melhor que puder para ter oito horas de sono. Talvez precise reorganizar o horário, mas se a apresentação for importante, faça questão disso. Se viagens colocam você em fuso horário estranho, sugiro que tome um suplemento de melatonina com meio copo de água uma hora antes de dormir. Mantenha o quarto fresco e arme vários despertadores para que o subconsciente não o acorde constantemente para "ver a hora".

Não verifique seu e-mail após o jantar. Não coloque informações perturbantes na cabeça antes de ir para a cama. Não assista a notícias na cama. Wayne Dyer recomenda que você encha a mente com pensamentos positivos, como gratidão e amor, e deixe o estresse do dia escorrer de você enquanto fecha os olhos.¹⁴ Não pare apenas quando estiver dormindo. Dê descanso à mente toda semana tirando folga no domingo. Se possível, dê a si mesmo o fim de semana para desfrutar da família e amigos. Se trabalhar sete dias por semana, exigirá demais do cérebro até ao ponto da exaustão. Você lidava muito bem com isso em seus vinte anos, mas esse estilo de trabalho acabará lhe causando problemas.

Tire férias todos os verões, pelo menos uma semana. Enquanto estiver em férias, não dê uma olhadinha no trabalho. Faça todos os arranjos necessários para que possa se desligar completamente e esquecer projetos, e-mails e outras obrigações.

Enfim, além de estar bem descansado, melhore o condicionamento físico com exercício e um estilo de vida ativo. Essa foi a grande descoberta para mim quando eu trabalhava na Yahoo! Em 2002, viajei de avião mais de meio milhão de milhas a trabalho, o que me custou caro. Perdi o sono, ganhei peso e meu andar deixou de ter vigor. Tendo em vista que meu trabalho tinha altas demandas mentais, eu exercitava apenas a mente. Quando acrescentei exercício e caminhada à minha agenda diária, achei mais fácil pegar no sono. Senti-me mais corajoso e até a maneira como eu me movimentava quando falava mudou.

Quando originalmente conversei com Eric Goldhart em 2002, ignorei um detalhe importante da sua história: ele deixara de ir à academia, porque achava que não tinha tempo. O conselho que eu deveria ter lhe dado era imediatamente voltar a se exercitar. Se ele tivesse feito isso, poderia ter se recuperado ainda mais rápido do que fez. Por fim, conforme a situação dos negócios melhorava, ele completou sua preparação regular voltando à rotina de exercícios diários.

Se você está preocupado que o sono, o exercício, o tempo livre no fim de semana e as férias vão impedir que faça seu trabalho, pense nos benefícios de estar bem descansado. Você está disposto, alegre e perceptivo. Fica significativamente menos propenso a pegar gripes e resfriados, porque o exercício aumenta a resistência às doenças. Você se sente mais grato pelo trabalho e estilo de vida que tem, e essa gratidão se mostra em sua atitude. Fica emocionalmente resistente, apto para desvencilhar-se das críticas. Tudo isso lhe poupará tempo, muito tempo.

Quando equilibra seus métodos de preparação, o modo como cuida do corpo e da mente, cria um bom *loop* interno. A mente saudável envia boas substâncias químicas ao corpo, o que faz com que ele relaxe. O corpo saudável envia boas substâncias químicas ao cérebro, o que lhe reforça as habilidades.
O resultado? Fé e resistência.

9
Princípio VI
EQUILIBRE A CONFIANÇA

QUANDO EU ERA MENINO, meu vizinho Curt morava em um trailer estacionado em uma área que ficava estrada abaixo de nossa fazenda. Foi o meu melhor amigo na escola de Ensino Fundamental, e passávamos a maior parte do tempo livre brincando juntos.

Curt e seu irmão participavam de competições de boxe Luvas de Ouro da cidade. Seu pai era treinador de boxe no ginásio de esportes da cidade, um local úmido em um porão debaixo de uma pensão em Grand Street. Curt incentivou-me a ir treinar com ele aos sábados.

Apesar da minha fragilidade física, fiquei interessado. Estava determinado a encontrar uma maneira de enfrentar os valentões na escola que constantemente me escolhiam. A princípio, Billye estava relutante, preocupada de que eu me machucasse. Mas ela também queria que eu tivesse mais confiança e raciocinou que, em nossa idade, Curt e eu não poderíamos nos machucar seriamente.

Antes de minha primeira visita ao ginásio, o irmão mais velho de Curt ofereceu-se a oficiar uma luta de aquecimento em frente ao trailer. Curiosa, Billye veio comigo para dar apoio. As crianças do estacionamento de trailers reuniram-se em volta, enquanto Curt e eu colocávamos protetor de cabeça e luvas de boxe para adultos, que me pareceram tão grandes quanto travesseiros.

Com o som estridente do sinete, a luta de boxe estava em curso. Curt dançava em torno de mim, dando golpes, virando-se e mudando de direção. Sem qualquer senso de coordenação, fiz o melhor que pude para não cair, enquanto tentava acompanhá-lo e evitá-lo ao mesmo tempo.

Porque eu era alto e esguio, tropecei como um potro recém-nascido, tentando firmar-me nas pernas. Faltava-me qualquer tipo de graça, e quando tentei dançar em volta, pareceu-me que eu estava dançando o Charleston. A galera presente uivava com risos. Minha maior dificuldade era ficar em pé. Quando tentava uma virada repentina, perdia o equilíbrio e caía sem sequer ser atingido.

Um dia antes de minha primeira visita ao ginásio de boxe, Billye me deu uma lição de equilíbrio físico. Até a adolescência, ela fora uma menina com modos de rapaz. Quando adolescente, tivera aulas de etiqueta, inclusive técnicas concebidas a ensinar-lhe a se movimentar graciosamente. Um dos seus exercícios favoritos era equilibrar pratos em cima da cabeça enquanto andava pela sala. Pensando que isso funcionaria para mim, reuniu pratos e uma xícara de plástico e começou a me dar uma aula.

Fiquei com vergonha. Não precisava de aulas de etiqueta, ora bolas. A coisa dizia respeito a atacar fisicamente outros meninos, não um bando de debutantes!

— O que isso tem que ver com luta? — perguntei a ela.

— Todo esporte requer coordenação — respondeu ela. — Para isso, você precisa de um forte senso de equilíbrio. O seu recebedor favorito no futebol americano, Lynn Swann (do Pittsburgh Steelers), teve aulas de balé, e você vê como isso melhorou o jogo dele!

Concordei, lembrando um repórter de televisão que falou que os jogadores de futebol americano de todas as posições estavam estudando movimentos de balé para melhorar o equilíbrio em campo. A princípio, não queriam, mas os treinadores os convenceram a experimentar. Então, experimentei.

— Se você puder atravessar a sala com estes pratos na cabeça e não derrubar nada, tem equilíbrio — disse ela, e colocou o trio de itens cuidadosamente no topo da minha cabeça.

A princípio, não consegui andar três passos sem deixar a xícara e o pires caírem ao chão, fazendo o nosso cachorro fugir para outra sala. Mas Billye me treinou, instruindo-me a focar em algo, como o toca-discos no outro lado da sala, em vez das coisas que eu estava tentando equilibrar em cima da cabeça.

Por fim, fui de um lado ao outro da sala com o prato, pires e xícara devidamente equilibrados na cabeça. Enquanto melhorava, Billye continuava a pregar equilíbrio para mim e a relacioná-lo ao meu desejo de aprender boxe.

— O equilíbrio lhe dá a capacidade de balançar, girar, abaixar e, acima de tudo, plantar-se para dar um soco forte, assim como Cassius Clay (mais tarde Muhammad Ali) — prometeu ela. — O equilíbrio fará de você um bom dançarino no ringue ou no *American Bandstand*.

Havíamos passado vários sábados de manhã assistindo aos bons movimentos dos dançarinos nos musicais de televisão *American Bandstand* e *Soul Train*. Tinha inveja da graça elegante e dos movimentos suaves.

— O equilíbrio ajudará você na maneira como pensa também — acrescentou Billye. — Desde fazer o jantar a ganhar dinheiro, atinja o equilíbrio. Toda boa receita tem a combinação certa de ingredientes. Todo grande executivo tem partes iguais de inteligência, coragem e desejo.

Apesar de minha carreira de boxe ter tido vida curta, as aulas de equilíbrio de Billye continuaram. Quando eu trabalhava duro, ela aconselhava um intervalo para manter as coisas mais equilibradas. Quando me envolvi nas atividades da igreja, aconselhou-me a manter os esforços na escola. Incentivou-me a misturar arte com prática para que eu fosse bem equilibrado.

Durante a década de 1970, os movimentos de autoconfiança e autoestima cresceram. Para Billye, pareciam muito centrados no conceito do "eu". O foco total no eu, preocupava-se ela, nos manteria desequilibrados e diminuiria nosso potencial. O foco excessivo no eu não era equilibrado.

Os livros da biblioteca ensinavam as pessoas a cultivar três tipos de confiança firme na vida. Norman Vincent Peale, em *O Poder do Pensamento Positivo*, salientou que "a mais poderosa força na natureza humana é a técnica da força espiritual que a Bíblia ensina [...] a fé em Deus, a fé em outras pessoas, a fé em si mesmo".[1]

Billye acreditava firmemente que a pessoa tinha que acreditar primeiro em si mesma para ter qualquer tipo de pensamento positivo, mas ao mesmo tempo sabia que essa não era a receita total para a confiança. Quando entrei para a equipe de discursos e debates durante a segunda séria do Ensino Médio, deixou este ponto devidamente claro para mim. Na época, tinha um parceiro de debate em quem eu precisava confiar, um treinador em quem precisava acreditar e um conjunto de desafios que nunca enfrentara antes. Era um menino do interior competindo com crianças da cidade grande.

— A autoconfiança é muito importante, mas é só o começo — disse Billye, enquanto me levava de carro à escola para participar de um torneio. — Uma rica sensação de confiança vem de três diferentes tipos de crença: confiança em você mesmo, confiança nas pessoas e fé em Deus.

Quando peguei meus fichários de provas no banco de trás do nosso Buick Electra, ela terminou a lição com um pensamento profundo:

— Se você tiver todos os três tipos de confiança, desenvolverá fé e resistência. Quando um tipo de confiança estiver acabando, os outros dois estarão ali para reabastecer você.

É por isso que ela sempre dizia: "Hoje *somos* ricos", quando tínhamos feito a diferença. A confiança nunca diz respeito a você sozinho; a rica confiança também inclui crer no poder do *nós*. A confiança total requer a crença em você mesmo, em outras pessoas de sua vida e em algo maior que você. Quando possuir todas essas três crenças, terá uma confiança equilibrada, algo que pode sustentá-lo através das incertezas e dificuldades. Sempre que possível, lembre-se de seu nível de confiança em cada categoria e encha aquela que estiver ficando vazia. Agora examinaremos o que significa ter confiança em você mesmo.

CONFIANÇA EM VOCÊ MESMO

Albert Bandura, professor de Stanford, passou vários anos estudando o impacto da autoconfiança dos estudantes na capacidade de aprender e fazer provas. Descobriu que os estudantes confiantes têm um senso de autoeficácia, que é a crença de que são suficientemente competentes para concluir com êxito a tarefa em mãos. Mas de onde vem esse sentimento?

No livro *Psicocibernética*, o cirurgião plástico Maxwell Maltz destacou a contribuição da autoimagem para a autoeficácia quando escreveu: "Com tais autodefinições [sou burro, sou ruim em matemática, etc.], o estudante tinha que tirar notas baixas para ser fiel a si mesmo. Inconscientemente, tirar notas baixas tornou-se uma 'questão de honra' para ele".[2] Em outras palavras, quando o boletim vem com nota baixa, o estudante que se descreveu como ruim tinha prova de que ele estava certo! Maltz veio com essa ideia ao analisar por que seus pacientes continuavam a ter visões negativas sobre si mesmos, mesmo depois de bem-sucedida cirurgia para remover cicatrizes ou desfigurações. Percebeu que muitos dos pacientes não precisavam de cirurgia tanto quanto precisavam de melhor autoimagem sobre seus pontos fortes e capacidades. Corrija a autoimagem, e os pacientes acreditarão que são suficientemente bons para o amor, o sucesso ou a liderança, mesmo sem cirurgia corretiva.

O livro de Maltz propõe que podemos aprimorar continuamente a autoimagem para que a mente subconsciente busque ativamente o sucesso. "A autoimagem", escreve ele, "é a 'premissa', a base ou a fundação sobre a qual sua personalidade inteira, seu comportamento e até mesmo as circunstâncias são construídos".[3] Maltz fala mais adiante: "Nossa autoimagem prescreve os limites para a realização de quaisquer metas específicas."[4] Baseado em sua autoimagem, que orienta tudo, a mente é seu mecanismo de sucesso ou sua máquina de fracasso.

Na vida, flagrei muitas vezes a autoimagem definindo as fronteiras do que eu poderia realizar. Quando surgia uma oportunidade para a qual não me achava capaz, não conseguia aproveitar. Isso acontecia todas as vezes sem exceção! Enquanto me declarasse incapaz de ser um bom homem de negócios, fracassava como empresário ou administrador, muitas vezes porque eu estava me sabotando sem saber. Como disse Henry Ford: "Se você acha que pode fazer uma coisa ou acha que não pode fazer uma coisa, você tem razão".

Por outro lado, quando se vê pronto para o desafio, ganha a fé e a resistência para terminar o que começou. Foi o que aconteceu com Richard Nguyen, de vinte e poucos anos de idade, especialista em suporte técnico com quem trabalhei na Yahoo! Muito antes de iPhones e BlackBerry PDAs com catálogos de endereços e e-mails perfeitamente sincronizados com computadores, aparelhos mais primitivos como o Scout nos apresentaram à informática em constante movimento.

Este aparelho portátil azul metálico, em forma de granada, foi dado a todos os participantes em uma conferência de comércio da qual participei um ano. Quando comecei a trabalhar no dia seguinte, tentei instalar o software do Scout e carregar os dados do meu laptop nele, sem sucesso.

Quando solicitei assistência de nosso departamento de tecnologia da informação, Richard foi enviado para me ajudar. Quando lhe perguntei se havia alguma esperança de eu usar o Scout, que tornaria minha vida mais móvel, sua resposta reflete sua autoimagem:

— Sou especialista em todos os tipos de *gadgets*. Sempre fui e sempre serei. Farei isso funcionar mesmo que não seja executável.

Durante duas horas, fuçou no Scout, no meu laptop e em várias maneiras de conectar os dois. Baixou mais software e, então, fez telefonemas ao fabricante, bem como ao nosso centro de tecnologia na Índia. Foi implacável, murmurando:

— Você não vai me derrotar, Scout. Sou especialista em todos os tipos de *gadgets*.

Por fim, com um último ajuste, os aparelhos se sincronizaram e Richard aplaudiu, exclamando:

— *Yes*, consegui!

Agora eu tinha um aparelho móvel que continha informações, e-mails e todos os meus contatos atualizados em tempo real. Enquanto andava até ao estacionamento com meu Scout na mão, encontrei um colega de trabalho que participara da mesma conferência e recebera o mesmo aparelho. Quando lhe perguntei se conseguira instalar o software e fizera tudo funcionar, respondeu:

— É impossível. Não é compatível com o sistema operacional do nosso PC.

Intrigado, perguntei-lhe com quem do departamento de suporte técnico ele trabalhara.

— Bill, um dos veteranos — respondeu. — Disse que era impossível e seria necessário uma pessoa sobre-humana para revolver o problema. Vou guardar a aparelho e esperar que a tecnologia avance.

A autoimagem de Bill ("só humano") levou-o a desistir do Scout em vez de se esforçar o tempo suficiente para descobrir o defeito.

Mais tarde, naquele ano, em uma reunião executiva exclusiva fora da sede, fiquei surpreso ao ver Richard presente. Estava como adido do pessoal técnico para o nosso CEO, Tim Koogle. Quando perguntei a Tim por que ele tinha trazido seu próprio tecnólogo, respondeu:

— Não sabe? Richard é especialista em todos os tipos de *gadgets*. Ele pode ser uma das pessoas mais importantes aqui!

Você tem autoimagem, quer saiba disso ou não. Tem total controle sobre ela. É a pessoa que a elabora ou modifica. Os outros podem ditar como você deve se ver, mas, no final das contas, é você que decide. Cabe a você dirigir a mente de modo a viver seu potencial dado por Deus. É o diretor e produtor executivo do filme que passa em sua mente. Faça um bom filme.

CONFIANÇA NOS OUTROS

Uma coisa é ter apreço ou admiração pelos outros; outra coisa é confiar inteiramente neles para o seu sucesso. A confiança nos outros requer elevado nível de confiança, no qual você esteja disposto a abrir mão do seu controle da situação. Confiamos nos outros por causa das impressões que causaram em nós ao longo do tempo.

Embora possamos pensar que estamos sendo justos na avaliação que fazemos das pessoas, muitas vezes subjetivamente optamos por notar alguns detalhes e ignorar outros. Temos um filtro de atenção que aplicamos à vida diária, e é através deste filtro que geramos confiança nas pessoas. Podemos minimizar as histórias de sucesso de um colega de trabalho e maximizar seus erros.

Para ser mais confiante em outra pessoa, precisa tomar a decisão consciente de ser objetivo quanto ao modo em que a imagina mentalmente. É hora de fazer uma alteração na regra de ouro: avalie os outros como gostaria que avaliassem você. Se quiser que os outros respeitem e confiem em você, então estenda a confiança e respeito a eles também.

Caso contrário, sua crescente autoconfiança pode capacitar seu ego a tornar-se juiz implacável de todos os que fazem parte de sua vida, operando com a mentalidade que proclama: "Se tem de ser bem feito, terei de fazer eu mesmo!". Isso faz de você um tipo de cavaleiro solitário, que acredita que ninguém pode fazer as coisas segundo seu elevado padrão.

Independentemente de quanta autoconfiança você gere, não pode ter sucesso sem a ajuda de outras pessoas. Se insiste em fazer as coisas sozinho na vida, seu nível de confiança não será consistente, porque se encontrará lutando contra forças que não pode vencer sozinho.

Billye muitas vezes me disse:

— Não existe essa coisa de homem que vence pelos próprios esforços. Existem empreendedores, com certeza, mas ninguém pode mover uma montanha sozinho.

Pela minha experiência, ela tem razão. Nunca atingi um marco na vida sem ter um grupo de pessoas do meu lado. Quando tentava fazer sozinho, sempre acabava em uma ilha do desespero com o sentimento de naufrágio de que tudo estava perdido.

Enquanto trabalhava na Yahoo!, testemunhei em primeira mão esta realidade em um executivo de vendas. Viera da indústria de software, onde fora tremendamente bem-sucedido em termos individuais. Seus sucessos lhe deram uma autoimagem forte, mas que não se traduziu em sentimento de confiança em sua equipe durante a quebra em 2000 das empresas que comerciam na internet.

Se um negócio era realmente importante, ele interviria e assumiria o lugar do humilde vendedor, porque acreditava que só ele era capaz de fechar o negócio. Se houvesse um problema com um dos nossos produtos, ditava alterações para a equipe de desenvolvimento em vez de pedir-lhes ajuda. Agia da mesma maneira com o departamento jurídico, de relações públicas, de operações de marketing e até mesmo com o departamento de serviço ao cliente. No decurso do tempo, conforme a recessão de 2000-2001 se instalava, começou a perder a fé que a empresa poderia manter as portas abertas.

Sua atitude não era boa para a retenção de pessoas talentosas. As pessoas não gostam de se sentir inconfiáveis. Alguns dos membros mais importantes do pessoal de vendas fugiram para outras empresas, e outros saíram, até mesmo abrindo mão de suas opções de ações. Quanto mais isso acontecia, mais os receios do executivo se confirmavam: estávamos condenados.

Em 2002, ele se demitiu, alegando estresse e esgotamento emocional. Enjoara de bancar o Atlas por toda a vida e não suportou realizar seu trabalho sequer mais um dia. Também não acreditava que a maioria das empresas ligadas à internet com quem negociávamos sobreviveria, o que alimentou seu senso de pessimismo e ruína. A comunidade da internet era solidária ao Yahoo! e teria se aproveitado da oportunidade para se dedicar ao trabalho intensamente e debater soluções à nossa defasagem nas vendas. Mas ele não estava tendo nada disso, por causa de sua visão de mundo que dizia que só ele era competente.

É o que acontece quando você tenta fazer as coisas sozinho. Por outro lado, quando acredita em sua equipe, sua confiança aumenta, mesmo quando experimenta reveses pessoais. Com os membros da sua equipe, não está sozinho em seus empreendimentos arriscados ou lutas. Pode, então, estabelecer-se no papel de ser colaborador em vez de salvador.

Se você não tem confiança em seus companheiros de equipe na vida, releia e aplique práticas dos Princípios 2 (Mude de Conversa) e 3 (Exercite o Músculo da Gratidão) para atingir o equilíbrio.

À medida que a confiança em sua equipe aumentar, delegue autoridade, defira tarefas e, então, libere. Quando o fizer, certifique-se de oferecer incentivo. Comunique claramente que acredita em sua equipe e que tem enorme confiança que serão bem-sucedidos.

Não comunique sua confiança apenas para a equipe; dê-se a mesma mensagem. Visualize os outros em sua vida, sejam eles colaboradores ou membros da família, como pessoas que têm sucesso. Veja-os produzindo resultados de alta qualidade e até mesmo excedendo as expectativas. Pinte mentalmente uma imagem forte, inteligente e talentosa dessas pessoas. Espere que tenham sucesso.

Tanto quanto a sua autoimagem é importante, a imagem que você faz dos outros também é. Em psicologia, há um fenômeno chamado efeito pigmaleão, que sugere que as pessoas respondem às suas expectativas em relação a elas. Se acha que são corajosas, perceberão isso e serão. Se as vê como trapalhonas, pegarão essa deixa e agirão de acordo.

É por isso que os líderes devem considerar a confiança na equipe como fator estratégico para o desempenho de todo o grupo. Visualize a equipe como vencedora e veja os indivíduos como super-heróis em vez de zeros. Apoie-os todos os dias e elogie-os sempre que tiver a chance.

CONFIANÇA EM SUA FÉ

Sua fé é a crença na força de um poder superior. É sua crença na justiça do poder superior e isso como parte do grande esquema, você será abençoado de alguma forma.

Dou palestras muitas vezes em convenções de negócios por todo o mundo, em cuja situação falar sobre assuntos espirituais pode não ser adequado para o que fui contratado para falar (tecnologia, marketing, liderança, etc.). Nesses casos, falo sobre um poder econômico maior: o mercado livre. Isso é algo que todos, independentemente de crenças religiosas, podem concordar: essencialmente, quando se trata de negócios, coisas boas acontecem a pessoas boas e coisas ruins acontecem a empresas ruins. Há uma ordem moral para a forma como o mundo funciona. Por quê? Uma explicação é que, em última análise, o mercado cuida de si mesmo, auxiliado pela análise da mídia, ativismo do consumidor e fiscalização regulamentar.

Adam Smith, cujo trabalho lançou as bases para o que compreendemos do capitalismo, escreveu que há uma mão invisível no mercado que corrige todas as coisas, de modo que o mundo é, em última análise, governado pela justiça, equidade e valor. Em longo prazo, o mal nunca prevalece. É assim que as forças do mercado mantém sua existência, muito semelhante ao corpo que repele as doenças.

Se você está administrando um negócio ou vendendo um produto e está criando um serviço ou produto digno, tenha fé de que, em longo prazo, o mercado vai premiar seus esforços. A história do capitalismo apoia você. Claro que há tempos, como em 1998, quando empresas ruins como a WorldCom ou Enron quebraram as regras do mercado com impunidade. Mas isso foi, como gosto de dizer, "apenas o começo do filme". O final, claro, foi brutal para essas empresas. Para empresas que colocam as pessoas acima dos dólares, como a Southwest Airlines, a SAS Institute oua Chick-fil-A, os lucros sustentáveis vêm quase naturalmente no transcurso do tempo.

No meu caso, minha fé está no Deus da Bíblia. Foi como Billye me criou, muitas vezes citando Romanos 8.31: "Se Deus é por nós, quem será contra nós?".

Foi aqui que conseguiu sua confiança suprema, mesmo em face da perda do marido, bens e muitas outras coisas na vida. Sabia que Deus estava com ela para ajudá-la. Sem essa crença, provavelmente teria sucumbido à tendência da natureza humana a se desintegrar sob extrema adversidade.

Podemos pensar em Deus como o gerente, o líder ou a autoridade final. E mesmo que tudo isso seja verdadeiro, a Bíblia também diz que Deus cuida de nós como criação sua. Ele quer que estejamos satisfeitos com a vida. Quer que tratemos uns aos outros com amor e respeito. É por isso que a Bíblia diz: "Deus é amor".[5] Ele quer cuidar de nós como filhos seus.

Quer em seus assuntos profissionais ou vida espiritual, ter confiança no que é maior do que você cria responsabilidade. Se você confia em Deus, como eu, ou, como alternativa, se acredita que o mercado livre cuidará de você, então deve respeitar as regras e ser parte desse plano, que é maior do que os seus desejos egoístas. Essa responsabilidade é uma cerca de proteção contra pessoas ou organizações que podem ficar fora de controle.

Líderes que não seguem alguém ou algo maior do que eles mesmos acabarão ficando bêbados com a falsa sensação de energia própria. Na verdade, essas pessoas são seus próprios deuses. Nos negócios, vemos o resultado em empresas como a Enron. Na religião, a ausência de prestação de contas estimula seitas, como a liderada por Jim Jones na Guiana. Na política, produz tiranos, como Hitler da Alemanha ou o regime de PolPot no sudeste asiático.

Por outro lado, conheço inúmeros líderes no ramo dos negócios que têm fé no mercado livre e um respeito saudável por seus poderes corretivos. Como resultado, proativamente praticam responsabilidade social corporativa: tratar os empregados com justiça, contribuir para as comunidades locais e conservar os recursos para as gerações futuras.

Em minha educação cristã, ensinaram-me que Deus cuida de mim a cada passo do caminho. Minha fé no Deus Vivo é a apólice de seguro eterna e final e uma pela qual

> **Líderes que não seguem alguém ou algo maior do que eles mesmos acabarão ficando bêbados com a falsa sensação de energia própria.**

jamais poderei pagar. Tudo o que posso fazer é crer e seguir os caminhos de Deus. Isso me torna responsável para ir além da mera autopreservação e agir como seguidor de Deus, fazendo a coisa certa, dando de volta e sendo exemplo para os outros.

Quando acredita que tem o apoio de alguém ou de algo maior do que você, sua fé lhe dá a energia e entusiasmo que precisa para continuar.

Quando você e sua equipe dão tudo que é possível, mas ainda não é suficiente, pode ter certeza de que vencerá todas as dificuldades. É o que chamamos de "milagre" e as pessoas de fé procuram esses milagres. É a confiança em algo maior que você que permite que relaxe, coloque tudo nas mãos desse grande propósito e volte para a tarefa em mãos. Minha opinião pessoal sobre Deus me permite fazer isso regularmente.

Quando eu era jovem adulto, Billye explicou-me desta forma:

— Quando sua fé é forte, tem um tanque extra de combustível de foguete para aqueles momentos em que a estrada é longa e não há posto de abastecimento à vista.

Ao longo da vida, descobri que a fé dá uma vantagem competitiva sobre aqueles que creem apenas em si mesmos ou em suas habilidades terrenas. Minha fé me dá o melhor e mais fundamental sistema de apoio.

Para muitos de nós que somos pessoas de personalidade tipo A, entregar e colocar uma situação nas mãos de Deus não nos é natural. Parece errado. Gostamos de nos apoderar dela, imaginá-la, controlá-la e resolvê-la.

Ao longo da vida, tenho ouvido inúmeras histórias sobre pessoas que exauriram todos os recursos humanos diante da adversidade e responderam colocando "o destino nas mãos de Deus". Permitem que o resultado dependa da fé e colocam a mente em fazer tudo o que puderem para melhorar o resultado. Em quase todos os casos, os milagres aconteceram, alguns grandes, outros pequenos. Em muitos casos, quando as pessoas confiaram em Deus, foram libertas do peso pesado da situação e conseguiram recuperar o foco e a clareza.

Uma história, no entanto, merece atenção especial. Demonstra que, por vezes, quando você pede a ajuda de Deus, recebe o conselho certo para a situação. Recentemente, meu amigo John Maxwell, extraordinário pensador de negócios, e eu conversávamos sobre a tendência humana de nos prender firmemente aos nossos problemas. John contou-me que, quando era bastante jovem, tinha dificuldades em deixar tudo nas mãos de Deus. Não era porque não confiasse em Deus; é que ele confiava em si mesmo na mesma proporção. E pensou que, como muitos de nós, se o problema não era algo importante, não precisava preocupar Deus com isso. Lutou durante anos com o que significava a passagem bíblica de João 15.5: "Porque sem mim nada podereis fazer".

— Eu tinha uma lista de coisas que eu poderia fazer sem Deus — disse-me. — Então, um dia, depois de lutar alguns anos internamente com essa questão, cheguei à conclusão de que, quando Deus disse: "Sem mim nada podereis fazer", o que estava dizendo era: "Sem mim, você não pode fazer nada de significado eterno". Em outras palavras, há um monte de coisas que eu posso fazer. Mas, basicamente, morrem. No final, seu valor é mínimo. São apenas ações diárias que viverão por um momento e, depois, terão tido seus dias e todos nós partiremos. Mas as coisas que têm significado, ou seja, as coisas eternas que permanecem na vida das pessoas por anos, não as posso fazer sozinho. Tenho que confiar que o que estou fazendo será usado por Deus. Isso mudou completamente minha perspectiva sobre a vida.

John continuou com uma história de seus primeiros anos como plantador de igreja:

Estávamos em nosso primeiro programa de construção, e eu tinha apenas vinte e quatro anos. Era um grande programa de construção para um menino que nunca fizera um programa de construção, ponto. Tínhamos restos de construção em nossa propriedade; muitos mesmo. Não havia maneira de nos livrar dela, porque ficamos sem dinheiro. Sentei-me nesse amontoado de caliça, e disse a Deus em exasperação:

— Tu terás de me ajudar, porque não sei como me livrar de toda essa caliça. Não tenho dinheiro. Como é que vou lidar com isso?

Ainda me lembro como Deus falou ao meu coração. Imprimiu em meu coração algo que não fazia sentido para mim. Mas, mesmo assim, fiz.

Havia um vizinho que não gostava do nosso programa de construção e não gostava de mim. Deus falou ao meu coração, dizendo: "Vá pedir ao vizinho para ele permitir que você coloque a caliça na propriedade dele". Fui, e ele disse que não. Voltei e sentei-me de novo no monte de caliça. Mais uma vez ouvi: "Vá pedir ao vizinho". Fui mais uma vez, e ele disse que não. Voltei ao monte de caliça. Mais uma vez ouvi: "Vá pedir ao vizinho". A esta altura, eu estava me sentindo um tolo. Mas fui.

Quando entrei na varanda, ele olhou para mim e disse:

— Eu disse comigo mesmo que o atenderia se você viesse três vezes. Deixo você colocar a caliça em minha propriedade.

Naquele dia, enquanto saia da varanda, entendi que os caminhos de Deus são mais altos dos que os meus. Entendi que se quisesse fazer algo verdadeiramente significativo, não era questão de saber se deveria confiar nEle ou se deveria lhe entregar. Para mim, a questão é saber se eu sempre confio nEle e se sempre lhe entregarei.

Se você perceber que seu sistema de apoio total consiste apenas em pessoas (seu talento e o talento da equipe), então não terá apoio suficiente para ajudar você a atravessar as crises que inevitavelmente virão — as situações que o forçarão a ir além de suas habilidades. Você precisa sustentar a fé em preparação a esses momentos. O Princípio 1 (Alimente a Mente com Coisas Boas) aplica-se aqui. Nutra sua mente com a visão global. Leia a Bíblia com mais frequência. Se você for líder de negócios, leia livros de história e observe a ascensão e queda das empresas que dependiam apenas de mérito próprio para você ter um vislumbre dessa visão global. Aplique os exercícios do Princípio 3 (Exercite o Músculo da Gratidão) para aumentar o apreço pelo poder de Deus em sua vida.

Quanto mais estiver disposto a entregar, relaxar e colocar o futuro nas mãos de Deus, mais confiará nele implicitamente ao longo do tempo. Às vezes, as orações serão respondidas com um não. Isso não significa que você foi derrotado. Significa que há outros fatores que não compreende que exigem que você aceite a negação desta vez. Não deixe que esses tempos provem sua fé; deixe que sua fé prove você e o torne mais forte.

SIGA SEU PROPÓSITO PARA TER UM BOM EQUILÍBRIO

Agora mudarei o tópico do equilíbrio para outro tema: seu nível de confiança. "Existe mesmo", disse Billye, "essa coisa de demasiada confiança. Você a obtém quando fica fora de sintonia com a realidade. Faz com que você seja percebido como convencido, afugentando as pessoas. Leva você a ignorar as armadilhas e cometer grandes erros.

É fácil para o ego gerar excesso de confiança, sobretudo quando recebemos o *feedback* positivo do bom *loop*. Você vê o excesso de confiança com estrelas em ascensão de todos os tipos, desde os palcos aos departamentos. Depois de algum sucesso, começam a pensar que são melhores que as outras pessoas. Por fim, alienam as próprias pessoas que os ajudaram a serem bem-sucedidos.

No outro extremo do espectro da confiança está a humildade em demasia (também conhecida por falsa humildade), demonstrada quando recusamos levar o crédito por nossas realizações. Podemos agir assim individualmente ou em nome da equipe. Esta falsa humildade é, muitas vezes, um estratagema para conquistar a aprovação de pessoas de quem estamos desviando a glória. Há os que praticam a falsa humildade, porque pensam que os colocam em maior favor para com Deus. Isso distorce nossa visão do que está dando certo e pode nos tirar do *loop* bom, mascarando o *feedback* positivo que nos dirige para frente. Lembre-se: o subconsciente está sempre escutando a conversa interna.

Para equilibrar nossa confiança, temos de encontrar o ponto perfeito entre os dois extremos. É algo difícil de realizar internamente, porque o ego ou a nossa necessidade de sermos aceitos distorce nossa percepção. O que precisamos é de uma ferramenta que nos dê uma maneira de nivelar com precisão nosso senso de crença.

Uma das ferramentas favoritas de Billye era um nível de bolha de ar de trinta centímetros. Usava para criar linhas retas para pendurar quadros e construir prateleiras. Uma década atrás, comprei uma câmera de vídeo profissional e tripé de alta qualidade. Na base do tripé havia um pequeno nível de bolha. Quando a bolha ficava entre as linhas, o filme estava nivelado. Sem o nível, teria imensa dificuldade em nivelar com precisão a filmagem a olho nu.

A vida tem um nível que o ajuda a equilibrar a confiança. Esse nível é o seu propósito. Pense no propósito como as linhas entre as quais coloca a "bolha" para equilibrar a confiança. O propósito é um ponto focal eficaz para a sua vida, dando-lhe um objetivo digno a atingir em todos os seus esforços. Quando você equilibra a confiança, a necessidade de ser o melhor ou de ser muito querido terá importância secundária para o propósito, porque as opiniões não importam, os resultados sim. Em outras palavras, não diz respeito a você, diz respeito ao seu propósito.

Seu propósito deve envolver algo maior do que você mesmo. William Damon, professor de Stanford, afirma que o propósito é "a intenção estável e generalizada de realizar algo que é, ao mesmo tempo, significativo para a pessoa e consequente para o mundo fora da pessoa".[6] Quando você vive "de propósito", faz a diferença para os outros, e isso lhe dá a sensação de sentido.

Um dos principais especialistas em propósito foi o finado Viktor Frankl, que escreveu o belo livro com o título *Em Busca de Sentido*. Este sobrevivente mundialmente famoso dos campos de concentração nazista e psiquiatra propôs que não escolhemos o sentido da vida, mas detectamos o sentido dos momentos da vida. Uma das maneiras que fazemos isso é "criando um trabalho ou praticando um ato".[7] Em outras palavras, enquanto estamos trabalhando para realizar algo, nosso propósito assume uma aparência que esperamos notar.

Você consegue detectar seu mais elevado propósito? Encontra-se no cruzamento da oportunidade de fazer a diferença com as suas habilidades pessoais. Você reconhece a necessidade exterior com a qual suas aptidões podem lidar e um resultante senso de entusiasmo confirma para você qual é o seu propósito.

A melhor maneira de detectar essa interseção é começar com suas aptidões: talentos, tendências, habilidades, destrezas naturais ou instintos. Todos têm um dom, algo com que podem contribuir. Quanto mais cedo você identificar suas aptidões, mais fácil será relacioná-las a uma necessidade exterior com a qual se importa.

No diário, trace uma linha vertical de cima a baixo no centro da página em branco. No lado esquerdo, faça uma lista de seus talentos: O que você pode fazer que vale a pena pagar? Que "coisa que você faz" faz a diferença para o mundo exterior? O que como indivíduo traz para cada situação? Que recursos dados por Deus você tem?

Compartilhe esta lista com um membro da família ou amigo chegado para obter uma perspectiva de fora. Esteja disposto a adicionar muitos itens à lista para que não perca o cruzamento. Inclua habilidades específicas ou características gerais.

Agora, no lado direito da página, faça uma lista de necessidades com as quais se importa. Pense sobre o que observou ou experimentou, o que faz o seu sangue ferver ou o que lhe traz lágrimas aos olhos.[8]

Usando este exercício, recentemente refinei minha própria declaração de propósito mais elevado. Primeiro, resumi meus talentos, que incluíam habilidades de comunicação (escrever e falar) e tino em marketing. Depois, identifiquei as necessidades com as quais mais me importava. Entre elas havia equidade nos negócios, dignidade no trabalho e a necessidade que as pessoas têm de serem amadas pelos outros.

No início, meu propósito era geral: participar do fim do sofrimento. Mas ainda que isso me desse direção, faltava-me a especificidade que precisava para orientar minhas decisões diárias. Então, um dia durante minha sessão de leitura matinal, esbarrei com o versículo bíblico que diz: "Consideremo-nos também uns aos outros, para nos estimularmos ao amor e às boas obras".[9] Quando li, detectei um propósito que estava personalizado para os meus talentos: estimular os outros ao amor e às boas obras. Que ajuste perfeito para um escritor e palestrante motivacional! Porque eu tinha feito o exercício acima no meu diário, minha mente estava pronta para detectar e, em seguida, selecionar minha declaração de propósito, quando ele se apresentou para mim.

Com essa declaração de propósito à mão, agora tenho as linhas para ajustar a bolha (minhas atividades). Se uma oportunidade de negócio não se ajusta à declaração, recuso. Quando faço um discurso, estou preocupado apenas com a missão, não com ser gostado ou obter uma ovação. Quando escrevi este livro, não estava focado em ganhar prêmios ou fazer dinheiro. Em vez disso, estava centrado em realizar bem o meu propósito, que é a medida principal do meu sucesso.

Para levar seus talentos a um propósito maior, continue a se perguntar: *Por que faço isso? Como isso afeta as pessoas?*, até você atingir a necessidade exterior com a qual se preocupa. Ryan, um participante de um seminário recente, usou estas perguntas para encontrar o seu propósito. Ele disse: "O meu talento é a habilidade em programação de computador". Quando perguntado por que tinha esse propósito, ficou em torno de benefícios, principalmente financeiros, ao cliente. Mas isso não o fazia chegar ao ponto do propósito. Por fim, percebeu que suas habilidades de programação eram importantes, porque o ajudavam a manter uma vida saudável com benefícios de plano de saúde "para garantir à sua família saúde e felicidade". No seu caso, seu propósito é prover a subsistência de sua família. Precisam dele para serem bem-sucedidos no trabalho. Esse foi meu primeiro propósito adulto também, nos meus trinta anos, que me colocou de volta ao caminho certo.

Mary Beth, outra participante do seminário, teve um resultado diferente. Um dos seus talentos era habilidade organizacional, que ajudava grupos ou equipes sair do planejamento à execução. Quando pensou sobre a razão desse propósito, percebeu que estava promovendo sucesso tanto em sua empresa (da qual muitos dependiam para ter seus proventos) quanto na organização sem fins lucrativos que investiga o câncer de mama, na qual ela servia. Agora ela sabia qual era o seu propósito: organizar os outros para o sucesso!

Eis um ponto importante: não há propósito melhor ou pior que outro. Se é útil para os outros e lhe dá sentido, é o mais acertado para você seguir.

Servir sua família ou salvar o meio ambiente são ambos propósitos certos, se é o que estimula você e alavanca o que tem para oferecer.

Você não tem de ser original. Pode endossar uma missão organizacional, como a promessa social de sua empresa (ajudar comunidades, produzir felicidade para os clientes e assim por diante). Pode apoiar o propósito do seu parceiro de vida também.

Pode ter propósitos duais. No meu caso, são a saúde e a felicidade da minha família e minha carta para promover o amor e as boas obras. Sempre que possível, tento seguir ambos ao mesmo tempo, o que pode exigir criatividade da minha parte. Quando olho as oportunidades deste modo, pergunto-me: *Posso fazer isso e servir ambos os propósitos?* Quando a resposta é sim, a bolha fica enquadrada exatamente entre as linhas.

Seu senso de propósito pode alterar quando novos talentos surgem e circunstâncias externas apresentam novas e urgentes necessidades. Um novo pai pode encontrar o propósito da família pela primeira vez. Um executivo de negócios pode ser atraído para uma necessidade social sobre a qual suas habilidades podem ter um impacto. Eis um exemplo apropriado. John Wood desistiu de sua posição de alto nível na Microsoft para criar uma organização sem fins lucrativos que promove alfabetização no terceiro mundo. A decisão não foi o resultado de uma crise de meia idade da sua parte; foi um ajuste no propósito. Ele cresceu para isso. Para inteirar-se de sua história completa, leia o livro *Saí da Microsoft para Mudar o Mundo*.[10]

SEGUIR O PROPÓSITO VERSUS REALIZAR A PAIXÃO

Quando falo sobre a importância de seguir um propósito, algumas pessoas me perguntam: "E se eu estiver realizando a minha paixão? É o que os virtuosos e artistas fazem".

Pais, dar aos filhos permissão no decorrer da vida para realizarem sua paixão (ego) em vez de seguirem seu propósito (serviço) é mau conselho. Sei que dói um pouco, visto que o movimento da autoestima promove este estilo de criação de filhos: "Siga suas paixões; não deixe ninguém dizer-lhe nada diferente". Mas essa filosofia produz milhões de vidas arruinadas em que as pessoas derivam sem rumo, fazendo o que querem e não o que precisam para contribuir para a sociedade. Mais tarde, quando abandonam a paixão, percebem que grande parte da vida foi desperdiçada realizando-a.

Para os jovens, realizar a paixão os ajuda a desenvolver a dimensão e esclarece seus talentos naturais e interesses profundos. Mas quando chegamos à idade adulta, é preciso abraçar a alegria do serviço. A essência da maturidade espiritual é quando começamos a seguir um propósito e a desfrutar, sem nos deixar ser governados, por nossa paixão. Quando eu estava seguindo minha paixão pela música já adulto, minha família sofreu financeira e emocionalmente. Tinha preguiça de trabalhar, e vivíamos de salário em salário sem planos de saúde. Mais tarde, quando percebi que meu propósito principal era garantir a saúde e felicidade da minha família, a música tornou-se um passatempo, não o centro da minha vida.

No meu caso, a música era a minha paixão, não o meu propósito. Fazia assim, porque gostava. Meu desejo era ter um contrato de gravação com uma gravadora para que eu pudesse tocar música em tempo integral. Se a música fora o meu propósito (levar alegria aos outros), teria abordado minha musicalidade de modo completamente diferente.

A razão que tive para tomar a decisão consciente de fazer da música um passatempo, com tempo orçamentado, tem que ver com a natureza destrutiva da paixão. O "eu" é uma força poderosa, e quando a paixão ocorre, nada mais importa. Muitas vezes quando estamos envolvidos com uma de nossas paixões, o tempo voa e experimentamos a sensação de fluxo. Podemos fazer a mesma coisa por horas sem ficar cansado. Todos os problemas do mundo desaparecem no momento feliz do viver apaixonado. Ama sua paixão por causa do que faz você sentir, não por causa da diferença que faz. Você está brincando. Antes que se dê conta, deixa de cumprir outras obrigações ou despreza outras oportunidades de modo a permitir que a paixão arda sem interrupção. É por isso que nunca segui uma carreira séria até achar o propósito da família.

Muitas pessoas aconselham você a fazer apenas o que gosta de fazer, afirmando que outra rota levará a uma vida infeliz. Helen Keller pensava diferente e escreveu: "Muitas pessoas têm uma ideia errada do que constitui a verdadeira felicidade. Não a alcançamos através da autossatisfação, mas através da fidelidade a um propósito digno".[11]

Não estou negando o que a paixão traz para a performance. Quando você tem uma ligação emocional com algo, tem energia e desejo intenso. Eis a boa notícia: ao longo do tempo, desenvolvi uma paixão (desejo e entusiasmo) pelo meu propósito. Embora ainda não tenha encontrado uma maneira de usar minha paixão por música em minha carreira como escritor ou palestrante, desenvolvi tanto amor por minha carreira como tenho por minhas músicas. A satisfação que vem de seguir o propósito, conforme amadurece, lhe dará o melhor dos dois mundos e o colocará de volta à sensação de fluxo e atemporalidade que tinha quando criança que brincava com seu brinquedo favorito.

PROPÓSITO PRODUZ FÉ E RESISTÊNCIA

O propósito faz mais do que manter a confiança em bom equilíbrio. Preserva-a. James Allen escreveu: "Quem não tem propósito central na vida será presa fácil de preocupações insignificantes".[12]

Se você estiver sem rumo ou for egoísta, toda mudança de circunstâncias é inquietante. Sua reação instintiva será: *O que isso significa para mim?* Reveses tornam-se crises pessoais quando sente que ninguém sabe pelo que você está passando. Você fica mais sensível às críticas dos outros. Não tem proteção contra a ansiedade. Fica facilmente desanimado e têm dificuldade em terminar o que começou. Falta-lhe inspiração.

Napoleon Hill escreveu: "O método mais prático de todos para controlar a mente é o hábito de mantê-la ocupada com um propósito definido".[13] Quando segue um propósito, os pequenos problemas perdem a importância em comparação com a sua missão. Descarta a falta de autoconfiança e rejeita a insegurança pessoal. Sua causa é seu escudo, protegendo você de negativistas e pessimistas. Sua mente se fixa nas soluções, não em problemas insignificantes.

Sua causa também impulsionará sua confiança total. Por estar tentando fazer a diferença, terá um sentimento interno de merecimento. Você se sentirá como se merecesse ser bem-sucedido em seus esforços. Quando for fiel a um propósito, terá um sentimento de integridade pessoal. Isso o ajudará a acreditar que os outros e Deus estarão junto com você. Você se sentirá ligado a algo maior do que você mesmo e, por meio dessa ligação, se sentirá mais forte.

À medida que for vivendo segundo o propósito, pequenas realizações lhe darão significado, e isso produzirá adrenalina espiritual. Através de uma vida de pesquisa e experiência pessoal, Viktor Frankl aprendeu que o sentido é uma de nossas maiores necessidades, e quando ele é satisfeito, suportamos qualquer tipo de sofrimento com dignidade.

Na minha carreira, o propósito me deu ilimitada energia física e mental. Primeiro, detectei meu propósito profissional quando li o best-seller *A Vida Digital*, livro relacionado a negócios escrito por Nicholas Negroponte, professor do MIT. Nele, ele previu que a tecnologia da informação criaria um futuro aberto em que todos seríamos capacitados a influenciar as empresas com as quais fazíamos negócios e os políticos que nos serviram. O livro apresenta argumentos a favor de um futuro digital, no qual consumiríamos informações a qualquer hora e em qualquer lugar em computadores ou outros aparelhos, que fariam parte de um mundo novo que seria mais ambientalmente sustentável. Seria também um lugar onde os maus sempre seriam capturados com muito mais rapidez do que no passado. No final da leitura, senti um chamado, um propósito: promover a era da informação. Acredito que isso mudaria o mundo para melhor, criando oportunidades para milhões de pessoas e gerando uma era de transparência que levaria os maus do mundo à justiça. No trabalho, meu propósito me animou. Comecei a examinar meus colegas de trabalho para detectar outros que tinham a mesma opinião que a minha, que estavam tão animados quanto eu acerca da vinda da internet. Formava grupos mais ou menos constantes de pensadores com o objetivo de ajudar empresas de todos os tipos a perceber o potencial da web para ampliar suas oportunidades de negócios. Trocávamos recomendações de livros, ideias de recentes apresentações em feiras comerciais e momentos pessoais de descoberta de nosso trabalho no campo com clientes.

Este propósito alimentou minha confiança em mim e em meus colegas. Logo, meu desejo de contar ao mundo sobre a revolução da internet aumentou. Agucei minhas habilidades de apresentação, dando palestras nas manhãs de segunda-feira para vendedores, meus colegas no trabalho. Escolhi o "Crows' Nest", um lugar de conferências públicas, porque ficava perto de nossos escritórios multi-compartimentados na Broadcast.com. Meu público aumentava a cada semana, vindo inclusive engenheiros, clientes e parceiros de negócios. Um dia, o guru de negócios Tom Peters fez parte do meu público matinal.

Em última análise, meu propósito me ajudou a redefinir a mim mesmo não apenas como vendedor, mas como evangelista pela internet, tomando a responsabilidade de mentorear cada um dos meus clientes sobre como aproveitar a revolução da informação como oportunidade e não como ameaça. Cada reunião com um cliente era mais uma oportunidade para promover a revolução da internet.

Mais tarde, como chefe de soluções para o Yahoo!, viajei de avião mais de um milhão de milhas entre 2001 e 2003. Trotei pelo globo, pulei refeições e vivi com o que tinha na mala. Havia incêndios a apagar e negócios a serem cortados. Estávamos lutando pela sobrevivência e, ao mesmo tempo, construindo um negócio global. Pelo fato de estar sentindo que fazia grande diferença no mundo, centenas de horas em aviões não me incomodavam. Meu ânimo estava nas alturas, e brincava com as pessoas para que aliviassem a tensão. Minha lembrança desses tempos era diversão e não dificuldade.

Desde então, tenho empregado meu propósito sempre que preciso de um impulso. Produz uma conversa íntima e estimulante comigo mesmo que é convincente e energizante. Da próxima vez que você quebrar a cara, pense sobre o motivo por trás do seu quê. Consulte a missão e se imagine na jornada heroica para servi-la.

10
Princípio VII
PROMESSA FEITA, PROMESSA CUMPRIDA

EM UM DIA ENSOLARADO em fins de 2006, Don, o chefe executivo de vendas da empresa onde trabalhava Stacy, fez-lhe uma pergunta que mudou sua vida:
— Você já pensou em parar de fumar?
— Não. Eu não consigo — respondeu ela.
Ela não se via como pessoa que tem força de vontade. Fazia quase vinte e cinco anos que fumava e era o hábito dominante em sua vida. Mas, alguns dias mais tarde em um exame de rotina, o médico fez-lhe a mesma pergunta. Quando repetiu a resposta para ele, ele lhe falou sobre Champix, um remédio que elimina a ânsia e reduz o prazer de fumar.
— Quando seu chefe e seu médico lhe pedem para fazer algo e, então, oferecem-se para apoiá-lo, que resposta dá? — disse-me ela em uma entrevista.
Stacy fez uma promessa para ambos: ela pararia de fumar!
Embora o Champix tornasse o suplício muito menos doloroso do que ela imaginara, abandonar um hábito de décadas, que ela dava setenta mil baforadas por ano, não foi fácil.
— Usei uma folhinha de parede, começando com o dia em que parei. Se eu tivesse uma recaída, tinha de começar tudo de novo com nova data. Não queria estragar tudo — disse ela.
Stacy disse a todos no trabalho que estava deixando de fumar, e logo se sentiu como se tivesse uma equipe de apoio para ajudá-la. Percebeu que

abandonara o hábito para sempre quando tirou férias na Jamaica, em fevereiro de 2007. Havia pessoas fumando em todos os lugares, e ela estava longe de seu sistema de apoio. Mesmo assim, sequer pensou uma única vez em comprar ou afanar um cigarro em toda a viagem. Essa experiência a convenceu de que cumpriria a promessa com sucesso e para sempre.

Algumas semanas mais tarde, o médico de Stacy lhe deu um novo desafio: perda de peso.

— Você deixou de fumar. Vamos abandonar a comilança e perder peso — disse a ela.

Desta vez, Stacy não foi tímida na resposta; ela estava pronta. Recrutou ajuda, definiu uma meta e usou a figura de uma escala graduada para acompanhar o progresso. Mudou radicalmente a dieta. Parou de comer *junk food* e lanches. Fez exercícios regularmente.

— Você pode cortar os cigarros, mas não pode parar de comer — disse ela. — Eu sabia que esta empreitada seria mais difícil, mas sabia também que agora eu era mais forte. Eu Acreditava que poderia vencer qualquer coisa.

Em um ano, Stacy perdera trinta quilos. Essa segunda vitória pessoal redesenhou com êxito sua autoimagem, convertendo-a da personalidade tipo "não posso" para a pessoa tipo "posso fazer qualquer coisa". Sua mentalidade também mudou. Passou do pessimismo para o otimismo em áreas além da sua vida pessoal, inclusive sua carreira profissional.

Em seguida, Stacy objetivou ser promovida de gerente para diretora em sua empresa. Durante anos, sentiu-se como se estivesse presa à rotina no trabalho. Estava mais do que qualificada e, se lhe fosse dada a oportunidade, ela faria grande diferença na empresa.

Sabe de uma coisa, menina? — disse ela para si mesma. — *Você parou de fumar e perdeu mais de trinta quilos, tudo em um ano. Você pode fazer qualquer coisa. O que você quer, uma promoção? Ótimo. É sua, basta pegar.*

Stacy escreveu um plano de negócios para justificar a promoção e apresentou ao chefe. Quando soube algumas semanas mais tarde que a proposta fora rejeitada, ficou devastada. Por um tempo, pensou em pedir demissão do trabalho. Mas depois, baseando-se em seus sucessos como parar de fumar e perder peso, decidiu futuramente que tentaria de novo. Alguns meses se passarem, quando reescreveu seu plano de negócios para a promoção e apresentou-a novamente. Desta vez, seu caso causou boa impressão e ela foi promovida. (Como se relevou mais tarde, a primeira tentativa fracassou em grande parte por causa do tempo errado. Se tivesse desistido da promoção, ela teria perdido seu objetivo, não porque não era suficientemente boa, mas porque estava perseguindo-o na hora errada.) Por essa época, Pfizer, a fabricante do Champix, convidou Stacy para tornar-se palestrante do remédio. Depois de ter parado de fumar, ela telefonara usando o número 0800 para agradecer à empresa por lhe disponibilizar uma solução tão genial. Os funcionários da empresa gostaram de sua vitalidade e pediram permissão para usar suas fotos e depoimento no kit de iniciantes para novos pacientes.

Alguns meses mais tarde, os representantes da Pfizer pediram que Stacy falasse em clínicas especializadas em tratamento contra o fumo, o que ela fez em seu devido tempo. Compartilhou sua história pessoal, ajudando as pessoas a encontrar a coragem de deixar de fumar. Hoje, ela rememora toda experiência como mudança de vida, começando com uma promessa que fez e cumpriu.

Quando lhe pedi que se classificasse na área de "terminar o que começou" em uma escala de um a dez, surgiu uma descoberta extraordinária. Primeiro, pedi-lhe que classificasse a Stacy de 2005.

— Em uma escala de um a dez, acho que me daria um quatro naquela época — disse ela. — Eu era o tipo de pessoa que começava uma coisa e nunca terminava. Trabalhos inacabados e promessas não cumpridas eram a história da minha vida.

Então, pedi que classificasse a Stacy de 2007, que parou de fumar e perdeu peso.

— Por essa época, em termos gerais, eu chegava até seis — disse ela.

— Por que o aumento? — perguntei.

— Deixar de fumar me ajudou a pensar de forma diferente sobre mim mesma. Precisava provar para mim mesma que poderia terminar algo com um resultado positivo. Quando parei de fumar, comecei a aplicar isso em outras áreas da minha vida.

Quando lhe pedi que classificasse a Stacy de hoje, elevou a classificação para nove. Mas desta vez não soube explicar por que houve o aumento radical em sua tendência de terminar o que começou. Com base em minha pesquisa, eu sabia a resposta: Stacy estava no bom *loop*, com a autoimagem sempre melhorando.

Quando parou de fumar, recebeu um *feedback* positivo de pessoas que ela admirava e confiava. Recebeu o mesmo *feedback* quando começou a perder peso. Quando aplicou ao trabalho suas habilidades de terminar o que começou, recebeu um *feedback* ainda mais positivo. Em seguida, Pfizer culminou colocando-a na função de falar publicamente em nome da companhia, o que a levou a entrar em contato com outras pessoas que poderia ajudar. Deram-lhe *feedbacks* entusiásticos, desta vez sobre como ela era inspiradora, e isso deu conta do recado.

— Hoje sinto que não há negatividade que possa me tocar. Sinto-me tão forte. Nada pode me deter e nada é impossível — disse ela.

Billye diria que Stacy "levantou o teto", seu potencial, mostrando algumas resoluções e cumprindo uma promessa difícil. Em nossa casa, não havia maior realização que poderíamos fazer. Fui criado para acreditar que se podemos terminar o que começamos e fazer o que dizemos que vamos fazer, tudo é possível.

— Promessa feita, promessa cumprida.

Billye usava essa declaração para pontuar uma conversa depois de ter cumprido uma promessa que fizera a alguém na igreja. Quando eu quis sair do coro pop da escola, porque estava realmente difícil, me disse a mesma coisa e insistiu que eu mantivesse a palavra perante a professora, à qual eu dissera que ficaria no grupo por um ano.

De todos os valores que Billye tinha, a integridade é o principal.

— É tudo o que você tem, no final — disse-me certa vez.

Ela tem razão. Se não se respeita, não consegue manter a confiança, independentemente de quão bem siga todos os outros princípios neste livro. Nada o moldará como pessoa mais do que as ações, especificamente sua taxa de cumprimento de promessa durante a vida. Isso define você como contador da verdade ou mentiroso.

É por isso que estou terminando com este ponto: Cumpra suas promessas. Cumpra seus compromissos. Cada vez que cumprir, sentirá o mesmo sentimento de vitória pessoal que Stacy sentiu. Terminar o que começou, sobretudo quando enfrentar adversidade ou dificuldade, lhe dará a experiência de crescimento na qual a autoimagem melhora e, por sua vez, expande os limites do que é possível.

É também por isso que abandonar um mau hábito é uma excelente maneira de impulsionar a vida profissional ou até mesmo como pai ou mãe. Faça a promessa de desistir de algo que goste que seja ruim para você. Cumpra a promessa e se redefina como pessoa com forte força de vontade e determinação. Maxwell Maltz, perito em autoimagem, explica o porquê: "Nossos hábitos são literalmente roupas usadas por nossas personalidades".[1] Quer sejam bons hábitos (lembrar-se do aniversário das pessoas) ou maus hábitos (fumar), você os usa como afirmação de quem você é. Saber que você deve parar de fazer algo, mas não faz, muda a forma como se imagina.

O mesmo é verdadeiro quando se trata de cumprir os compromissos. Se você assume compromissos e depois os quebra, borra a visão que os outros têm sobre o tipo de pessoa que você é. Quando consistentemente inicia projetos somente para abandoná-los, começa a pensar em si mesmo como um desistente em série, exceto de seus maus hábitos.

Mesmo que se esqueça de uma promessa casual, a mente subconsciente se lembra de tudo. Então, nos momentos de dificuldade, se arma de um palpite: *Não posso terminar isso. Não consigo terminar nada. Nunca terminei, nunca terminarei.* Ainda que seja um sentimento vago, brota de assuntos inacabados anteriormente na vida.

Pense em sua tendência de cumprir promessas como o tanque de combustível de foguete, ou seja, o seu senso de confiança. Quando cumpre os compromissos, mantém seu senso de integridade e autoestima e se vê como pessoa confiável. Isso impede a perda de confiança proveniente de pequenas derrotas. Impede também que você receba *feedback* negativo, como "não podemos confiar em você" ou "você não tem as habilidades necessárias para realizar coisas".

Napoleon Hill observou muitos homens bem-sucedidos durante sua pesquisa para escrever *Pense e Enriqueça*. Todos tinham uma autoimagem forte que estava protegida por um histórico de cumprir seus compromissos, mesmo que para isso fosse necessário fazer esforços hercúleos. "Pode não haver conotação heroica para a palavra 'persistência'", escreveu ele, "mas a qualidade [da persistência] está para o caráter do homem o que o carbono é para o aço".[2]

Promessa feita, promessa cumprida é um princípio de ação, não apenas um conselho para cumprir a palavra. Se você quer se tornar um cumpridor de promessa consistente, precisará ser cuidadoso com suas promessas a cada passo do caminho. Há, em geral, três razões por que as promessas não são cumpridas: são esquecidas, são abandonadas ou são subavaliadas. Em cada caso, existem práticas que podem converter uma promessa quebrada em vitória de caráter. Encerrarei este capítulo falando sobre essas práticas.

UM SISTEMA PARA CUMPRIR PROMESSAS

Empresários de sucesso seguem um sistema para criar, lançar e conduzir um negócio. O sistema começa com a seleção de um conceito de negócio. Depois, criam um plano de negócios e reúnem recursos. Por fim, liberam o conceito de negócio sob a forma de produtos e serviços. O sistema não é um processo aleatório. Sem ele, os empresários enfrentam dificuldades por falta de direção.

Esse mesmo sistema é uma boa maneira de você abordar a questão de fazer promessas. Afinal de contas, exatamente como criar um negócio, uma promessa deve produzir resultados. A razão por ue muitas promessas não são cumpridas é que são tratadas aleatoriamente como conversa fútil. Meu sistema de promessas tem três componentes: fazer, planejar e cumprir.

Mastigue as promessas antes de cuspi-las. Jean-Jacques Rousseau, filósofo do século XVIII e autor de *O Contrato Social*, escreveu: "Quem é muito lento para fazer uma promessa é mais fiel no cumprimento".[3] Muitas vezes, fazer uma promessa é nossa reação inicial a um desafio ou oportunidade. Ouvimos falar de um problema, fazemos uma promessa, pensamos a respeito mais tarde e, então, muitas vezes, percebemos que deveríamos ter mantido a boca fechada.

— Conheço uma pessoa que pode ajudar! — salta da nossa boca durante a conversa, geralmente antes de termos falado com "a pessoa" em questão. Pensamos que é maneira rápida de reagir, mas, em muitos casos, acabamos por não prestar nenhuma ajuda. Na atual economia de rede de contatos, somos rápidos no clique para conectar as pessoas sem realmente pensar muito a respeito.

Como regra geral, é boa ideia nunca fazer uma promessa como primeira resposta a um problema, dificuldade ou oportunidade. Em vez disso, com a promessa se materializando na cabeça, faça algumas perguntas para melhor entender a situação. Pesquise. Depois, se ainda achar que pode cumprir, faça a promessa mais tarde. E cumpra.

Agir assim será difícil, porque é divertido estar pronto para ajudar. Pense nesta abordagem como forma de gratificação dilatória. Você está tentando evitar cometer um erro (uma promessa não cumprida). Abraham Lincoln aconselhou: "Não devemos prometer o que não devemos, para não sermos chamados a fazer o que não podemos".[4]

Evite fazer promessas em situações emocionais, boas ou más. Já vi inúmeros casos de conversas felizes, em que promessas foram feitas durante momentos de alegria. É fácil ser generoso quando alguma coisa boa acaba de acontecer para você, como uma promoção, uma sorte inesperada ou uma realização significativa. Seu cérebro está tomado de dopamina e endorfinas. Você deseja espalhar a alegria. Por isso, promete ajudar os menos bem-sucedidos naquele momento.

Por outro lado, quando estamos sob pressão, tentamos prometer sair de situações ruins. Em muitos casos, tendo em vista que enfaticamente prometemos

> **Não devemos prometer o que não devemos, para não sermos chamados a fazer o que não podemos.**
> **— Abraham Lincoln**

fazer algo a respeito, nosso antagonista recua (por ora). Mas enquanto sentimos como se tivéssemos superado a situação, o que fizemos funcionou mais como um relógio que desperta de tantos em tantos minutos. Apenas adiamos o problema por um tempo. Quando estiver sentindo qualquer nível de emoção, permita que esse sinal

impeça você de fazer uma promessa até que tenha a chance de se estabilizar emocionalmente. Dois erros não resolvem um problema.

Eis um pensamento final: acordos também são promessas, e às vezes você deve apenas dizer não. Até agora, falei sobre promessas proativas, as que criamos e oferecemos. Muitas das promessas que fazemos, porém, são acordos reativos. Somos chamados para fazer alguma coisa, concordamos e uma promessa nasce. Assumimos responsabilidade ou aceitamos funções. Se mais tarde não cumprimos os compromissos, estamos quebrando promessas.

Quando alguém pede para você entrar em acordo sobre o produto de uma atividade, seja criterioso quanto aceitá-la. Pense em suas qualificações. Avalie o compromisso de tempo. Se você não tiver entendido bem os requisitos, faça perguntas. Se achar que não conseguirá cumprir, diga sempre não, explicando detalhadamente porque não conseguirá ou não deve aceitar a oferta ou ordem. Se for necessário, mostre a agenda a quem está pedindo para que ele compreenda que está cheia.

Depois de fazer a promessa, documente-a. Caso contrário, pode passar despercebida. Você ficaria surpreso com a quantidade de vezes que não temos contabilidade real do que dizemos que vamos fazer. Dizer mais tarde: "Esqueci" ou: "Não me lembro de ter dito isso" será insuficiente.

Quando estiver em uma reunião, escreva as promessas em suas anotações. Sempre levo o diário para minhas reuniões. Na parte superior da página escrevo o nome da reunião, a data e os participantes. Então, dobro a página pela metade de modo que a página de trás fique à minha frente. É onde anoto as promessas que faço. Esse sistema me permite registrar claramente cada promessa sem deixá-la perdida entre as notas rabiscadas de uma reunião.

Depois de fazer uma promessa, mando um e-mail para a pessoa a quem fiz, revisando o que eu disse que faria e pedindo que confirme minha compreensão. Seja bastante claro sobre o prazo para o cumprimento e defina as expectativas realistas. Pense sobre a precisão que um meteorologista procura e seja igualmente criterioso. Faça uma cópia e envie para outras pessoas que estarão envolvidas a fim de que estejam no *loop* também.

Determine quais expectativas sua promessa criou para os outros. O que o sucesso é para eles? Existem contingências ou é uma garantia incondicional? Irão contar aos outros, gerando, assim, expectativas fora de sua conversa? Essas são perguntas importantes, porque o gerenciamento da expectativa é a chave.

Quando você não atende às expectativas dos outros, gera neles uma emoção perturbadora: surpresa. Se as expectativas de alguém forem demasiadamente grandes, certifique-se de reposicionar essa pessoa logo que possível. É normal que seu compromisso fique fora de proporção, mas se não gerenciar as expectativas, em breve tomarão conta de você.

Uma vez tenha assumido um compromisso, precisa planejar como cumprir. Inicie o planejamento, assim que confirmar a promessa. Se já prometeu fazer algo sem ter estabelecido um prazo definido, considere que é promessa "contra apresentação". Norman Vincent Peale acreditava que "promessas são como bebês chorões em um teatro, têm de ser levados para fora imediatamente".[5] Se puder, cumpra a promessa mais cedo do que o esperado.

Marque na agenda um prazo para cumprir o compromisso assumido. Separe promessas complicadas em etapas, e registre datas de cumprimento para cada uma. Por exemplo, se prometeu escrever um artigo para um boletim de notícias da indústria, planifique as seguintes etapas: pesquisa, estrutura de tópicos, projeto e cumprimento. Dessa forma, pode ver quando está atrasado com o cumprimento em vez de ter de virar a noite um dia antes do prazo final (e, por conseguinte, entregar um produto de má qualidade).

Por fim, entregue o produto da promessa diretamente para o destinatário pretendido. Se está muito mais difícil do que imaginou, internalize-o e alegre-se. Quando reclama da dificuldade em cumprir o que prometeu, isso se reflete na sua habilidade de fazer promessas ruins. Muitas vezes, agindo assim, está cancelando credibilidade e marcando-se como queixoso em vez de alguém que termina o que começou.

Agora você precisa verificar que atende às expectativas para, então, fechar o *loop*. Quaisquer pontas soltas ainda são remanescentes de uma promessa não cumprida. Ou você a cumpriu totalmente ou não. Não há meio-termo. Esse sistema ajuda você a refinar sua capacidade de fazer, administrar e cumprir as promessas ao longo do tempo. Descobrirá que quanto mais tempo você usar este sistema, menos promessas fará e maior será a sua taxa de cumprimento de promessas.

PRATIQUE A PERSISTÊNCIA

Algumas promessas não são cumpridas porque são esquecidas ou foram irrefletidas, mas o sistema que descrevi tratará de ambas as causas. Contudo, muitas das promessas que não cumprimos são quebradas por falta de persistência da nossa parte. São abandonadas por causa de dificuldades imprevistas. Na maioria das vezes, porém, estas dificuldades imprevistas são produto de nossa mente, não uma realidade. Tendemos a pôr o rótulo de "missão impossível" diante da menor dificuldade e, ao longo do tempo, cada vez menos nossos desafios parecem realizáveis.

Considere alguns dos maiores empreendedores que praticaram e pregaram a persistência. Benjamin Franklin declarou: "Energia e persistência conquistam todas as coisas".[6] Reputa-se que Thomas Edison disse que muitas pessoas que fracassaram, fracassaram porque desistiram sem perceber que estavam bem perto do sucesso. Até Albert Einstein, segundo consta, afirmou que seu sucesso não foi devido tanto à inteligência quanto ao fato de que ele estava preso a problemas que vinha estudando há muito tempo.

Todos estes três empreendedores praticaram a persistência. No decurso do tempo, desenvolveram hábitos que aumentaram a tolerância por "fracassos" até chegar ao ponto em que desistir era o último recurso. Estudei estes indivíduos, bem como muitas outras pessoas tenazes e descobri algumas maneiras em que todos nós podemos aumentar a nossa tenacidade

Primeiro, quando você chegar ao ponto da desistência emocional, cerre os dentes e dê mais um passo, faça mais uma tentativa, prossiga por mais um dia. Edison tinha razão. Em muitos casos, mais um passo resolve o problema ou avança suficientemente para ver a linha de chegada, o que renova as forças. Com certeza, em algum momento, seus esforços podem tornar-se inúteis, mas avançar um pouco mais sempre se mostra aproveitável para você.

Se acredita que mais uma tentativa é apenas outra tentativa fútil, então tente mais uma vez usando uma abordagem diferente. Tome uma rota diferente para chegar à linha de chegada. Descubra como alguém fez algo assim, mas de forma diferente, e tente a técnica. Tente uma das ideias que descartou antes. O que tem a perder?

Conecte-se com o subconsciente para obter forças para terminar o que começou. Entabule uma conversa para levantar o ânimo usando a técnica de espelho. Olhe-se nos olhos e repita em voz alta a promessa original ou o discurso de aceitação. Em muitos casos, você está esquecendo uma informação que o ajudará a cumprir a promessa ou a entender seu escopo. O subconsciente armazenou essa informação em algum lugar e a regurgitará, quando solicitado a ajudar. Pense em um tempo em que a solução simples lhe ocorreu como que do nada: uma ideia, um fato, uma técnica. Veio da sua grande unidade de disco rígido, e você pediu que ele lhe desse.

Em algumas situações, você precisa de uma solução criativa para vencer um obstáculo. Quando fazemos promessas, muitas vezes sobrestimamos a rapidez de nossa capacidade criativa e subestimamos as circunstâncias. Pensar criativamente pode esgotá-lo mental e fisicamente. Essa é outra situação em que o subconsciente pode ajudar.

John Cleese, professor e comediante britânico, encontrou uma maneira de colocar o segundo cérebro para funcionar: ele lhe deu uma atribuição e, então, foi dormir. Muitas vezes se bloqueou, enquanto trabalhava em um roteiro de filme ou um rascunho de comédia. Quando se sentia como se estivesse em um beco sem saída, punha de lado o problema e ia para a cama, instruindo a mente a "pôr-se a trabalhar no problema". Quando acordava no dia seguinte, o problema estava elaborado. Em muitos casos, não havia problema algum. Estava apenas esgotado e precisava de uma boa noite de sono.

Há uma advertência a esta técnica, adverte Cleese. O trabalho já deve estar feito, o que significa que você fez as pesquisas e os melhores esforços conscientes para resolver o problema. Não pode dormir em algo como forma de protelar o trabalho pesado. Quando você já fez o melhor que pôde nas horas em que está acordado, o subconsciente fará sua parte para preencher as lacunas.[7]

Usei uma variação desta técnica para ativar a mente subconsciente. Quando estou preso em um problema que exige criatividade, afasto-me do computador, saio e ando a esmo. Varro o quintal, murmurando o problema para mim mesmo e, então, quando as soluções me ocorrem, paro para escrevê-las em meu diário de bolso. Dou tacadas leves em uma bola de golfe pelo quintal e deixo os pensamentos me ocorrerem. Hill e Bristol aconselharam esta abordagem, na qual fazemos uma tarefa descuidada com intenções conscientes. Através da repetição e do acompanhante relaxamento, você se conecta com o que Napoleon Hill se refere como "a inteligência infinita" alojada no fundo de você.

Então, transforme os *ter de* em *tratar de*, reposicionando seu desafio como ensaio para atingir seus objetivos diante de adversidade extrema. Quando digo que é um *tratar de*, quero dizer que é uma oportunidade rara para que você cresça a partir da experiência de terminar o que começou. Se cumpre seus compromissos da maneira que vai atrás dos seus sonhos, um dia perceberá como os dois estão verdadeiramente vinculados. Respire fundo e diga para si mesmo: "Terminarei esta tarefa difícil para formar minha força de caráter. Mais tarde, quando estiver enfrentando o impossível, me lembrarei de como foi fácil superar esta situação".

Por fim, quando tudo mais falhar, você recruta um parceiro de promessa. Muito semelhante quando está abandonando um mau hábito, quanto mais pessoas você disser sobre a promessa, melhor será seu sistema de apoio Quando estiver fumando um cigarro furtivamente no estacionamento, um bom amigo que o conhece o confronta sobre sua promessa de abandonar o fumo e você apaga o cigarro. O mesmo se aplica às promessas relacionadas aos negócios: seu parceiro, subordinado, gerente ou colega de longa data pode estar ao seu lado para apoiá-lo, dando-lhe segurança ou conselhos para garantir que você termine.

Uma das vantagens de ter um parceiro é a perspectiva que ele tem. Muitas vezes, o que você considera impossível é apenas difícil. Às vezes, seu parceiro destacará uma solução óbvia que estava na ponta da sua consciência. Seu parceiro também pode destacar repercussões que você não levou em conta. Em todos os casos, falar do problema com outra pessoa lhe dará uma sensação de comunidade e produzirá um surto de energia para outra rodada de esforço.

Trate a prática da persistência como um dos projetos mais importantes para o desenvolvimento pessoal já assumidos por você. Não há maior bem do que a pura determinação em terminar o que começou. Calvin Coolidge disse muito bem quando escreveu: "Não há nada no mundo que tome o lugar da persistência. Talento não toma; nada é mais comum do que homens de talento mal-sucedidos. Gênio não toma; gênios não recompensados são quase um provérbio. Educação não toma; o mundo está cheio de traidores educados. Persistência e determinação são onipotentes. O slogan 'avante!' tem resolvido e sempre resolverá os problemas da raça humana".[8]

SEJA RESPONSÁVEL POR SUA PALAVRA

Em muitas situações, não pensamos sobre as ramificações advindas pelos ato de desistir. Entramos em modo de racionalização e começamos a pensar que a promessa não é mais válida, porque as circunstâncias mudaram. Essa é uma forma de negação. Para dominar a arte de cumprir as promessas feitas, você terá de mudar de mentalidade para assumir responsabilidade quando definir uma expectativa.

Quando estiver disposto a pagar o preço por quebrar uma promessa, está sendo responsável. Ao longo do tempo, essa responsabilidade incutirá em você um forte sentido de responsabilidade, dando-lhe a recém-descoberta resistência.

Quando calcular o preço de quebrar uma promessa, leve em conta apenas a origem da promessa. Cumpra as promessas por causa de quem *você* é, não por causa de quem *eles* são. Não pese a importância da pessoa em sua análise de quebrar ou cumprir a promessa. Isso gera uma forma cínica de inconsistência em sua personalidade. Muitas pessoas têm uma diferença de integridade, definida pela distância que iriam para cumprir um compromisso baseada na importância da pessoa a quem fizeram a promessa.

Pense em alguém que você respeita profundamente. Pode ser um executivo de sua empresa, seu pastor ou seu melhor amigo. Você fez uma promessa para essa pessoa, e agora parece muito difícil de cumprir. Vai desistir? Não é provável, porque a opinião desta pessoa sobre você é tão importante que você suportará grande dor para manter a palavra.

Agora pense em um conhecido casual ou um empregado da linha de produção recentemente contratado. Você lhe fez uma promessa, e agora parece muito difícil de cumprir. Até que ponto irá para cumprir o prometido? O ponto em que você desiste de cumprir a promessa para a pessoa não muito importante é igual para a pessoa ultra-importante? Essa é a diferença de integridade que precisa ser tratada. Quando você honestamente faz esse exercício e conclui que seu nível de persistência seria o mesmo, então transformou promessas em declarações sobre você em vez de compromissos que estão sujeitos à revisão.

Da próxima vez que estiver prestes a desistir, olhe décadas em seu futuro e veja a marca que deixará. Você será lembrado como pessoa de integridade, alguém que termina o que começa? Ou será considerado como desistente? Infelizmente, não há intermediários. Por isso, você deve considerar seriamente o preço que pagará por desistir.

Em muitos casos, se surpreenderá ao perceber que as pessoas que não são muito importantes têm tanto poder quanto as pessoas ultra-importantes na criação da opinião pública sobre o valor da sua palavra. Mas você não começa as coisas e termina para essas pessoas. Começa as coisas e termina para você. O subconsciente sempre lembrará se você manteve a palavra, e porque a autoimagem é importante, este é um público que precisa satisfazer.

Uma maneira de ser responsável perante uma promessa ruim é cumpri-la independentemente do preço. Você pode ter concordado em fazer algo que se transformou em uma tarefa monumental com muito pouco a mostrar, se não depois de tê-la feito por completo. Mas faça o que puder por questão de princípios. Quando sentir alguma dor real, a responsabilidade tornará você mais criterioso quanto a fazer futuras promessas. O subconsciente armazenará na memória, e quando estiver prestes a cometer o mesmo erro outra vez, um buraco no estômago o convencerá a manter a boca fechada ou a recusar a oportunidade.

Alguns anos atrás fiz este exercício e fui curado. Morava no vale do silício, onde quase todo mundo que você conhece tem uma ideia para abrir uma empresa. Um amigo tinha uma visão para dar início a uma empresa ligada ao ramo da internet, e me ofereci para ajudá-lo a escrever um plano de negócios e encontrar um investidor anjo.

Havia seriedade nele e em seu novo negócio, o que me levou a fazer a promessa. Desde o termo de abertura do documento do plano de negócios até aos orçamentos extensivos e planilhas de análise de lucratividade, ele contava com minha presença em cada etapa do processo. Eu não fizera ideia de quanto trabalho daria!

Encontrar um investidor anjo para investir em uma ideia não comprovada em 2003 também foi um desafio muito maior do que eu previra. Não fiz meu dever de casa a respeito do meu amigo, e quando meus primeiros contatos fizeram, determinaram que lhe faltava a experiência necessária para receber milhões de dólares em confiança. Embora quisesse desistir da minha palavra, disse a mim mesmo: *Você tem apenas uma saída: continue até que ele desista.*

Dezenas de reuniões e inúmeras horas mais tarde, meu amigo finalmente desistiu da ideia e recostou-se ao conforto do seu trabalho. Daquele dia em diante, sou muito cuidadoso em fazer promessas sem analisar plenamente o trabalho necessário, bem como a viabilidade do que estou prestes a me envolver. Sem esta experiência dolorosa, ainda estaria pensando que poderia ajudar a alguém se lançar em um negócio.

Se, depois de fazer todos os esforços necessários, não puder cumprir a promessa, deve pagar o preço do desconforto e da vergonha. Dê a notícia diretamente à parte ou partes com quem você assumiu o compromisso. Não se esconda atrás de e-mail ou secretária eletrônica virtual para deixar a tecnologia fazer o seu trabalho sujo. Encarar a outra parte frente a frente exigirá que você transpire prestando contas em tempo real. Você obterá *feedback* direto que doerá e a experiência lhe dará a motivação para evitar fazer promessas ruins no futuro.

Pedir desculpas ou assumir a culpa só agravará o problema. Declare os fatos, assuma toda a responsabilidade e apresente uma justificativa sem restrições. Assim que tiver tomado a decisão de desistir, faça-a imediatamente. Cada minuto que passa é um momento de inverdade.

Quando quebra uma promessa, mesmo quando for tão leve quanto pedir mais tempo, ofereça compensação. Se você prevê que terá uma semana de atraso na entrega dos resultados, aceite receber pagamento menor ou assuma outra promessa para compensar. Se está lidando com alguém com quem assumiu vários compromissos, cumpra outro mais cedo do que o esperado. Quando reconhece que promessa quebrada é assunto sério, tem mais poder de fogo para o seu sistema de cumprimento de promessa, bem como para o seu senso de persistência.

◢

Um dia em 2004, enquanto vasculhava uma caixa de lembranças, encontrei uma fita vermelha de segundo lugar de uma competição distrital de atletismo em Roswell, Novo México. Estava amassada e as bordas, desgastadas. Quando a peguei e segurei na mão, uma lembrança me ocorreu em alta definição.

Em minha adolescência, ser um atleta era importante para ter uma vida social na Escola Fundamental e na de Ensino Médio. Aquele que ganhasse um monograma de atleta, fazia parte da elite. Sendo magro e baixo para a idade, não fui feito para esportes de competição. Além disso, tinha um problema respiratório que me rendeu o apelido de Fanhoso.

Quando estava na oitava série, tentei tudo. Ainda que estivesse autorizado a vestir o uniforme da equipe de futebol americano, nunca participei de uma partida competitiva. Fui cortado da equipe de basquetebol no final da primeira semana. No fim do inverno, tentei a equipe de atletismo, escolhendo a corrida de milha como minha modalidade de competição.

O treinador Hoy não precisava de outro corredor de milha. Já tinha um campeão em Buddy Hutto, que facilmente ganhara nos distritos no ano anterior. Mas a equipe tinha lugar para outro corredor de milha, então Hoy raciocinou: *Por que não deixar o Fanhoso ser o outro?*

Embora eu pudesse acompanhar Buddy na pista de treinamento pelos primeiros cinquenta e poucos metros, o restante da milha me era insuportável. Às vezes, levava vinte minutos para eu completar quatro voltas na pista de quarto de milha (402 metros). Ninguém parecia se importar. Recebi autorização para viajar com a equipe.

Participei de cinco corridas antes da competição distrital, e em cada uma, os corredores davam uma volta sobre mim. Quando eu completava a terceira volta, o restante dos meninos estava completando a quarta e última volta, muitas vezes vindo bem em cima de mim. Envergonhado, parava de correr quando os corredores completavam a prova, tentando me misturar e não ser percebido.

Na corrida em Texico, a pessoa que anota os resultados da corrida correu para mim no final da corrida e me concedeu o segundo lugar. Não querendo admitir que eu completara apenas três voltas, comemorei e pulei de alegria. O treinador Hoy veio até mim e disse:

— Fanhoso, filho, devolva a fita.

Devolver a fita à mesa do funcionário foi uma caminhada da vergonha para mim.

Os meninos da equipe não gostavam muito de mim. Ninguém gosta de um desistente, sobretudo quando o desistente está vestido com o uniforme da mesma escola. Até ganhei um novo apelido: "Corredor de Três Quartos de Milha". Eu era o tema das piadas nos treinos que variaram de ser batido com toalhas no vestiário até ser amarrado no pé do banco com rolos de fita atlética.

No torneio distrital, um dos meninos da equipe achou que seria divertido encher o interior do meu calção de corrida com grossa camada de uma pomada anti-inflamatória. A pomada tem a propriedade de relaxar os músculos pela produção de calor, sendo ativada pela luz do sol. Naquela tarde, sob um sol quente de primavera, corri com meu traseiro em fogo.

A milha era o último evento esportivo do dia. Comecei decentemente, mantendo-me junto aos corredores por cerca da metade da primeira volta. Então, como sempre, comecei a ficar sem gás à medida que a adrenalina despencava. Lutei para continuar, ficando para trás rapidamente, enquanto minha corrida se transformava em uma série de ciclos de correr, tossir, andar, correr, tossir, andar.

Quando me aproximava do final da terceira volta, os demais corredores passaram por mim, terminando a corrida e concluindo a competição de atletismo. Desta vez, porém, continuei correndo. Decidi que, por uma vez, gostaria de terminar a milha em uma competição de atletismo. Dava de ouvir a voz de Billye no meu ouvido, repetindo o encargo de Napoleon Hill: "Um desistente nunca vence e um vencedor nunca desiste".[9] Imaginei que a equipe poderia esperar por dez minutos para eu correr mais uma volta.

Enquanto trotava pelo trecho de partida da corrida, propositadamente desviei o olhar da arquibancada e olhei o campo vazio. Claro que todos estavam rindo de mim, mas eu não queria ver. Só queria terminar a corrida.

Quando fiz a última curva e disparei no trecho final, ouvi uma vibração vindo das arquibancadas. Eram meus companheiros de equipe, todos, de pé, bradando os punhos ao ar e gritando:

— Corra, Fanhoso, corra!

Foram os cinquenta metros mais rápidos que corri na vida. Quanto mais me esforçava em correr, mais alto os ouvia torcer por mim. Dois dos árbitros do evento estenderam e seguraram uma fita na linha de chegada para eu passar. Quando passei, me deixei cair estatelado na pista. Minha respiração chiava e era extremamente difícil, e meus joelhos ficaram machucados pela queda.

Apesar de minha convicção de que os meninos da equipe eram maus, nesse dia agiram com compaixão, um testemunho à natureza humana. Invadiram a pista e fizeram fila para cada um me parabenizar com um aperto de mão ou uma batida nas costas. O arremessador da equipe, um rapaz duas vezes o meu tamanho, jogou-me no seu ombro como um saco de batatas e me carregou até ao ônibus.

Sentei-me no meu lugar normal, o mesmo lugar reservado para o menino marginalizado no ônibus: atrás do motorista. Normalmente, viajava sozinho, mas a caminho de casa, vindo dos distritos, o capitão da equipe sentou-se ao meu lado. Ele tivera um dia comum — seis fitas, cinco para o primeiro lugar e uma para o segundo lugar. Ele era o zagueiro da equipe de futebol americano e o rapaz mais popular da escola.

A meio caminho de casa olhou para mim e disse:

— Estenda a mão.

Mesmo ficando receoso de que ele fosse pregar uma peça em mim, estendi a mão direita. Sentia-me bastante corajoso naquele momento.

Tirou do bolso a fita amassada de segundo lugar, na qual estava escrito "Distrito" verticalmente. A fita representava o único fracasso que ele tivera naquele dia, e parecia que ia para o lixo. Colocou-a na minha mão e, então, fechou-a com a sua.

— Você nos fez sentir orgulhosos hoje, Fanhoso — disse ele, com um sorriso no rosto.

Só pude engolir em seco como resposta.

— Mostrou a todos do que você é feito. Quero que fique com esta fita. Ela ficará no lugar daquela que teve que devolver em Texico. Aqui está, vencedor.

Quando participei da reunião de trinta anos da minha classe, apresentei Jacqueline aos meninos com quem fui para a escola. Vários deles lhe falaram sobre uma experiência que nunca esqueceram: o dia em que o Fanhoso continuou correndo. Causou ótima impressão neles e marcou uma virada na minha vida social em Clóvis. O mesmo cara que enchera o interior do meu calção com a pomada anti-inflamatória acabou sendo meu braço direito quando concorri para presidente de classe cinco anos mais tarde.

Aqui reside o benefício inesperado de terminar o que você começou, promessa feita, promessa cumprida. Você ganhará as pessoas pela tenacidade. Pouco importando o que esteja contra você, há algo na concepção das pessoas sensíveis que responde à garra e determinação dos outros.

Se você estiver disposto a manter a palavra, pouco importando se parece fútil ou é difícil, ganhará amigos e influenciará as pessoas. Convencerá os céticos e converterá os detratores em líderes de torcida.

Quando me apresentei na Yahoo! em 2000, rapidamente construí a reputação de ter a tendência de fazer as coisas acontecerem. Na época, isso não era uma realidade, visto que muitas pessoas alardeavam muitas coisas, mas não cumpriam o que diziam quando ficavam difíceis. Minha ética foi inspirada por uma história reprimida dos anos em que estudei na escola de ensino Ensino Médio. Era a história de um menino que chegou em último lugar, mas foi para casa vencedor por ter terminado o que começou.

Epílogo
O PRIMEIRO PASSO PARA O *LOOP* BOM

N O DECORRER DOS ÚLTIMOS ANOS, tenho feito uma viagem: escrever este livro. Investiguei bastante a fundo a história da minha família como jamais tivera coragem de fazer. Para recordar as lições de Billye e o que significavam para mim, tive que enfrentar minhas circunstâncias: minha juventude conturbada, a morte do meu pai, tudo.

Ao longo do caminho, tive algumas surpreendentes constatações sobre mim, bem como a respeito de Billye. Pela primeira vez na vida acho que compreendo a natureza da minha relação com ela, o nosso exclusivo elo. Somos interdependentes. Tanto quanto ela tem sido minha rocha, tenho sido sua argila, uma oportunidade para ela fazer a diferença e *ser rica*.

Toda vez que volto a Clóvis e venho dirigindo do aeroporto, passo pela caixa d'água da cidade de Sudão, Texas. Esse é o local onde recebi uma nova mãe, aquela que me queria e me amava incondicionalmente.

Em geral, paro, tiro fotos e relembro. Quando vejo Billye, sempre lhe digo que acabei de ver a caixa d'água e que a aprecio muito pelo que fez por mim. Ela sempre mostra entusiasmo diante da menção do assunto. Alguns anos atrás, quando conversávamos a respeito, disse-lhe que a caixa d'água era um símbolo de segunda chance para mim. Com vivacidade concordou, acrescentando:

— Para mim também!

No momento, o significado da observação me escapou, mas recentemente entendi: quando entrei em sua vida, ela estava lutando em seus próprios anos de derrapagem. No início da década de 1960, deixara de lado as práticas espirituais e parara de alimentar a mente com coisas boas, principalmente por causa de seu fracasso no casamento. Quando fora me apanhar na caixa d'água, comprometendo-se a me criar como filho, teve a primeira etapa para o *loop* bom, dando de si mesma. Durante os anos seguintes, lutou para permanecer nesse *loop*, a raiva e a depressão borbulhando dentro dela enquanto perdia o marido, os bens e, mais tarde, os dois filhos adolescentes.

No dia em que ela convidou Clarence para passar por cima da cerca elétrica, corajosamente entrou nesse *loop* bom que foi descrito neste livro. A cada etapa, recebeu sinais de que estava no caminho certo. Primeiro, confiou em um homem para ajudá-la com as tarefas da fazenda que não podia fazer sozinha. E tudo funcionou perfeitamente bem. Foi um grande passo para ela, dada sua recente traição. Em seguida, lhe deu o dobro do que prometera, provavelmente mais do que um trocado na época. Essa ação a fez se sentir muito bem. Isso mudou seu pensamento de problemas de dinheiro para oportunidades de doação. A fé serena de que a bondade no fim venceria, deu-lhe a clarividência de ver a vida do que se chamaria de perspectiva abundante: "Hoje somos ricos". Billye não tinha muito naquela época, mas suas ações a levaram à crença de que tinha o suficiente e que haveria o suficiente no futuro, para dar de si mesma para os outros. Essa é a riqueza da vida que vi naquele dia quando criança e que eu não pude esquecer décadas mais tarde.

Com o passar dos anos e conforme Billye ia me ensinando, ela confirmou os princípios para si mesma. Suas aulas matinais de confiança no banheiro eram sua maneira de se dedicar a esses princípios. Quando era menino, via essas sessões de banheiro como lições feitas para mim. Mais tarde, percebi que Billye também estava reafirmando essas lições para si mesma no espelho. Estava se lembrando todos os dias do que era belo, bom e verdadeiro. Vivia cada princípio e me ensinava em tempo real. Quando mais tarde lutou contra o câncer, esses princípios a fortaleceram, impedindo uma recaída espiritual como consequência do sofrimento físico.

Hoje, ela é a Miss Billye, querida por todos com quem ela passa tempo. Sempre tem uma boa palavra para o dia e manifesta amor a todos ao redor. Tem noventa e cinco anos de idade enquanto escrevo estas palavras, tão saudável como um cavalo e tão feliz como um cão.

Veja bem, ao fazer a diferença na minha vida e, mais tarde, perceber e aceitar essa situação, Billye entrou no *loop* bom da vida. Ela tem combustível de foguete, um suprimento infinito. Quando falo com ela sobre meus livros e palestras e oramos juntos, aprecia os frutos do seu labor e é grata a Deus pelas bênçãos. Não tem medo da morte. Para ela, o copo está cheio e a vida está completa.

Este é o lugar em que quero concluir, um círculo virtuoso, no qual posso fazer a diferença para os outros e deixar os resultados refrigerarem minha alma e corpo continuamente. Estou animado em saber que é possível, contanto que eu esteja disposto a praticar fielmente os princípios atemporais que Billye me transmitiu. Convido você a entrar neste *loop* também. É suficientemente grande para todos nós.

Em minha infância e adolescência, Billye sempre me incentivou a investir nas práticas positivas que descrevo neste livro: aprender, agradecer, dar e terminar o que começar. Cada uma por sua vez levou a um *feedback* positivo, como reconhecimento ou sucesso mensurável. Isso me deu a confiança de que eu estava fazendo o que era certo, então fiz ainda mais do mesmo.

— Por que você acha que chamam isso de Bom Livro? — perguntou-me Billye certa noite, tocando em sua Bíblia desgastada. — Porque ela diz para você fazer boas coisas, e quando as faz, se sente tão recompensado que deseja fazer mais. E quando faz, todo o processo é repetido novamente. Esse é o segredo para uma boa vida!

Ela chamou isso de "viver no *loop* bom, um paraíso na terra".

Parafraseando Tiago, do Bom Livro, "a fé sem ação é morta"![1] O fato é que viver no *loop* bom requer que ajamos. Terminar a leitura deste livro não será suficiente para mudar de vida. O pensamento positivo é um resultado, não um comportamento prescrito. Requer muito esforço e disciplina. *É uma decisão de estilo de vida.* Já lhe ofereci dezenas de ações que você pode começar a fazer hoje. O segredo é destacar uma delas e dar o primeiro passo para o *loop* bom. Billye fez isso junto à empoeirada caixa de água da cidade de Sudão, quando eu era criança. Inspirado por uma foto da caixa d' água, dei, anos mais tarde, esse primeiro passo de volta ao *loop* bom.

No meu caso, o primeiro passo que tomei foi alimentar a mente com coisas positivas, dedicando tempo matinal à Bíblia e outros grandes livros. Essa prática imediatamente produziu resultados e me incentivou a investir mais tempo na adoção de novos princípios que me foram ensinados. Uma ação, sustentada no transcurso do tempo, foi o suficiente para impulsionar minha ascensão.

Você precisa fazer a mesma coisa. Escolha uma ideia deste livro e assuma o compromisso, como Paula Cooper do Capítulo 6, de praticá-la por um mês. E não faça com que seja um projeto secreto! Conte a um amigo ou outra pessoa significativa. Fale de seu compromisso com o chefe. Se quiser, compartilhe comigo. Gostaria muito de saber a respeito. Envie-me um e-mail para tim@timsanders.com.

Ao tornar público o seu plano, terá um sistema de apoio que o ajudará a manter a palavra. E quem sabe? Você pode ser uma influência positiva para os outros quando fala do seu plano pessoal para obter confiança. Quando der os primeiros passos, observe como as outras pessoas reagem a você, como está melhorando de condições de vida e aumente seu investimento de tempo para viver segundo os sete princípios apresentados neste livro. Agora você está se dirigindo a um *loop* bom, e se permanecer constante, verdadeiramente encontrará "um paraíso na terra" em sua vida.

NOTAS

CAPÍTULO 1: ANOS DE DERRAPAGEM
[1] Para proteger a privacidade da pessoa real dessa história, mudei o nome. Isso lhe permitiu compartilhar mais detalhes comigo para este livro.

CAPÍTULO 2: O DESPERTAMENTO
[1] Napoleon Hill, *Think and Grow Rich* (Rockville, MD: ARC Manor, 2007), p. 152. [Edição brasileira: *Pense e Enriqueça* (Rio de Janeiro: Record, 2000).]

CAPÍTULO 3: O LOOP BOM
[1] NormanVincent Peale, *The Power of Positive Thinking* (Nova York: Fireside, 2003), p. 186,187. [Edição brasileira: *O Poder do Pensamento Positivo* (São Paulo: Cultrix, 2010).]
[2] Segundo a minha definição, *confiança total* é a crença em si mesmo, nos outros de quem se depende e em um poder superior, Deus.

CAPÍTULO 4: PRINCÍPIO 1: NUTRA A SUA MENTE COM COISAS BOAS
[1] Napoleon Hill, *Think and Grow Rich* (Rockville, MD: ARC Manor, 2007), p. 40,41. [Edição brasileira: *Pense e Enriqueça* (Rio de Janeiro: Record, 2000).]
[2] Claude M. Bristol, *The Magic of Believing* (Nova York: Pocket Books, 1991).
[3] Maxwell Maltz, *Psycho-Cybernetics: A New Way to Get More Livingout of Life* (Nova York: Pocket Books, 1989). [Edição brasileira: *Psicocibernética* (Rio de Janeiro: Record, 2000).]
[4] James Allen, *As a Man Thinketh* (Nova York: Jeremy P. Tarcher,2008), p. 19,20.[Edição brasileira: *O Homem É aquilo que Ele Pensa* (São Paulo: Pensamento, 2010).]
[5] Shawn Talbott, *The Cortisol Connection* (Alameda, CA: HunterHouse, 2007), p. 110-112.
[6] Maltz, *Psycho-Cybernetics*, p. 221. [Edição brasileira: *Psicocibernética* (Rio de Janeiro: Record, 2000).]
[7] Norman Vincent Peale, *The Power of Positive Thinking* (Nova York: Fireside, 2003), p. 160. [Edição brasileira: *O Poder do Pensamento Positivo* (São Paulo: Cultrix, 2010).]
[8] Tom Peters, *The Project 50 (Reinventing Work): Fifty Ways to Transform Every "Task" into a Project That Matters* (Nova York: Knopf, 1999), p. 13.
[9] Maltz, *Psycho-Cybernetics*, p. 147. [Edição brasileira: *Psicocibernética* (Rio de Janeiro: Record, 2000).]
[10] Em minhas viagens, deparei-me com alguns programas matinais maravilhosos como *The JB Sandy Morning Show*, *The Gene and Julie Show* e *The BJ Shea Morning Experience*, mas esses são as exceções.
[11] Maltz, *Psycho-Cybernetics*, p. 11,12 [Edição brasileira: *Psicocibernética* (Rio de Janeiro: Record, 2000).]
[12] Ibid., p. 104. [Edição brasileira: *Psicocibernética* (Rio de Janeiro: Record, 2000).]
[13] Hill, *Grow Rich*, p. 159. [Edição Brasileira: *Pense e Enriqueça* (Rio de Janeiro: Record, 2000).]

CAPÍTULO 5: PRINCÍPIO 2: MUDE DE CONVERSA

[1] Ralph Waldo Emerson, "Circles", in: *The Spiritual Emerson: Essential Writings*, ed. David M. Robinson (Boston: Beacon Press, 2003), p. 157.
[2] Dale Carnegie, *How to Stop Worrying and Start Living* (Nova York: Pocket Books, 2004), p. 184. [Edição brasileira: *Como Evitar Preocupações e Começar a Viver* (São Paulo: Nacional, 2003).]
[3] William Shakespeare, *Hamlet*, ato 2, cena 2.
[4] Para saber mais sobre esta ideia, ver Daniel Goleman, *Emotional Intelligence* (Nova York: Bantam, 2006). [Edição brasileira: *Inteligência Emocional* (São Paulo: Saraiva, 2001).]
[5] Carnegie, *Stop Worrying*, p. 14-20. [Edição brasileira: *Como Evitar Preocupações e Começar a Viver* (São Paulo: Nacional, 2003).]
[6] Maxwell Maltz, *Psycho-Cybernetics: A New Way to Get More Livingout of Life* (Upper Saddle River, NJ: Prentice-Hall, 1960), p. 77. [Edição brasileira: *Psicocibernética* (Rio de Janeiro: Record, 2000).]
[7] Kent Sayre, *Unstoppable Confidence: How to Use the Power of NLP to Be More Dynamic and Successful* (Nova York: McGraw-Hill, 2008), p. 116.
[8] John Maxwell fez esta declaração durante palestra dada em 2003 no Maximum Impact Simulcast.
[9] David J. Schwartz, *The Magic of Thinking Big* (Nova York: Simon & Schuster, 1987), p. 45. [Edição brasileira: *A Mágica de Pensar Grande* (Rio de Janeiro: Record, 1994).]
[10] Ibid., p. 189. [Edição brasileira: *A Mágica de Pensar Grande* (Rio de Janeiro: Record, 1994).]
[11] Norman Vincent Peale, *The Power of Positive Thinking* (Nova York: Fireside, 2003), p. 120. [Edição brasileira: *O Poder do Pensamento Positivo* (São Paulo: Cultrix, 2010).]
[12] O curso de treinamento citado chama-se *The Dirty Dozen Rules of Email Etiquette*. Para obter mais informações, visite o site www.EmailAtoZ.com.
[13] Citado em Geoff Garrett and Graeme Davies, *Herding Cats* (Devon, UK: Triarchy Press, 2010), p. 92.

CAPÍTULO 6: PRINCÍPIO 3: EXERCITE O MÚSCULO DA GRATIDÃO

[1] Maxwell Maltz, *Psycho-Cybernetics: A New Way to Get More Living out of Life* (Nova York: Pocket Books, 1989), p. 64. [Edição brasileira: *Psicocibernética* (Rio de Janeiro: Record, 2000).]
[2] Erwin Raphael McManus, *Uprising: A Revolution of the Soul* (Nashville, TN: Thomas Nelson, 2003), p. 125.
[3] David J. Schwartz, *The Magic of Thinking Big* (Nova York: Simon & Schuster, 1987), p. 174. [Edição brasileira: *A Mágica de Pensar Grande* (Rio de Janeiro: Record, 1994).]
[4] Martin Seligman, *Authentic Happiness* (Nova York: The Free Press, 2004), p. 72. [Edição brasileira: *Autêntica Felicidade* (Rio de Janeiro: Objetiva, 2004).]
[5] Robert Emmons and Michael E. McCullough, "Gratitude and Well-Being: Summary of Findings", http://psychology.ucdavis.edu/labs/emmons/PWT/index.cfm? Section=4. Site acessado em 26 de outubro de 2010.
[6] McManus, *Uprising*, p. 121.
[7] Ouvi esta frase pela primeira vez do escritor/palestrante e amigo Mark Schulman. Visite o site www.MarkSchulman.netpara obter mais informações sobre ele.

CAPÍTULO 7: PRINCÍPIO 4: DÊ PARA SER RICO

[1] Allan Luks and Peggy Payne, *The Healing Power of Doing Good* (Lincoln, NE: iUniverse.com, 2001), pp. 11-13.
[2] Andre Gide, *Pretexts: Reflections on Literature and Morality* (NewBrunswick, NJ: Transaction Publishers, 2010), p. 310.
[3] RalphWaldoEmerson,*RalphWaldoEmerson:SelectedEssays, Lectures and Poems* (Nova York: Classic Books International, 2010), p. 272.
[4] Para obter mais informações, visite o site www.SallysY.org.
[5] www.greatbusinessquotes.com/work_ethic_quotes.html.Site acessado em 6 de dezembro de 2010.
[6] John Andrew Holmes,citado em Jon M. Huntsman,*Winners Never Cheat: Everyday Values*

NOTAS

We Learned as Children (But May HaveForgotten) (Upper Saddle River, NJ: Pearson Education, 2005), p. 178.[Edição brasileira: *Os Vencedores Jogam Limpo* (São Paulo: Bookman, 2007).]
[7] *Cassells Compact Latin Dictionary*, compilador D. P. Simpson (Nova York: Dell Publishing Co., 1963), verbete "Generosus".
[8] Mateus 6.3,4.
[9] Extraído do seu sermão "Escasseze Abundância", dado em 17 de março de 2002, na Unitarian Universalist Community Church de Glen Allen.

CAPÍTULO 8: PRINCÍPIO 5: PREPARE-SE
[1] www.dailycelebrations.com/091103.htm.Site acessado em 9 de novembro de 2010.
[2] Bianca Male, "Mark Cuban: Here's the Best Business Advice I Ever Got", *Business Insider*, 19 de maio de 2010. www.businessinsider.com/mark-cuban-the-best-advice-i-ever-got-2010-5. Site acessado em 9 de novembro de 2010.
[3] Napoleon Hill, *Think and Grow Rich* (Rockville, MD: ARC Manor, 2007), p. 60. [Edição brasileira: *Pense e Enriqueça* (Rio de Janeiro: Record, 2000).]
[4] Tim Sanders, *Love Is the Killer App* (Nova York: Three Rivers Press, 2003), p. 79-82. [Edição brasileira: *O Amor é a Melhor Estratégia* (Rio de Janeiro: Sextante, 2003).]
[5] Stanley Marcus, *The Viewpoints of Stanley Marcus: A Ten-Year Perspective* (Denton, TX: University of North Texas Press, 1995), p. 32.
[6] *Merriam-Webster's Collegiate Dictionary*, 11ª edição, verbete "Rehearsal".
[7] Nick Morgan, *Working the Room: How to Move People to Action through Audience-centered Speaking* (Boston: Harvard Business School Publishing, 2003), p. 76,77.
[8] Claude M. Bristol, *The Magic of Believing* (Nova York: Pocket Books, 1991), p. 104,105.
[9] Ibid., p. 105.
[10] Ibid., p. 104.
[11] Joe Hoefner, "Mental Rehearsal and Visualization: The Secretto Improving Your Game without Touching a Basketball", www.breakthroughbasketball.com/mental/visualization.html. Site acessado em 15 de outubro de 2010.
[12] Raweewat Rattanakoses e outros, "Evaluating the Relationship of Imagery and Self-Confidence in Female and Male Athletes", *European Journal of Social Sciences*10, no.1 (2009): p. 129-142.
[13] Napoleon Hill and W. Clement Stone, *Success through a Positive Mental Attitude* (Nova York: Pocket Books, 2007), p. 57.
[14] Dyer recomendou esta prática em seu programa especial de televisão *Excuses Begone* de 2009.

CAPÍTULO 9: PRINCÍPIO 6: EQUILIBRE A CONFIANÇA
[1] Norman Vincent Peale, *The Power of Positive Thinking* (Nova York: Fireside, 2003), p. 88. [Edição brasileira: *O Poder do Pensamento Positivo* (São Paulo: Cultrix, 2010).]
[2] Maxwell Maltz, *Psycho-Cybernetics: A New Way to Get More Livingout of Life* (Nova York: Pocket Books, 1989), p. 50. [Edição brasileira: *Psicocibernética* (Rio de Janeiro: Record, 2000).]
[3] Ibid., p. 2.
[4] Ibid., p. 13.
[5] 1João 4.8 (ARA).
[6] William Damon, *The Path to Purpose: Helping our Children Find Their Calling in Life* (Nova York: Free Press, 2008), p. 33.
[7] Viktor Frankl, *Man's Search for Meaning* (Boston: Beacon Press, 2006), p. 115. [Edição brasileira: *Em Busca de Sentido: Um Psicólogo no Campo de Concentração* (São Leopoldo: Sinodal e Petrópolis: Vozes, 2008).] Stephen R. Covey também discute o "momento da detecção de propósito" de Franklem *The 7 Habits of Highly Effective People* (Nova York: Free Press, 2004), p. 128. [Edição brasileira: *Os 7 Hábitos das Pessoas Altamente Eficazes* (São Paulo: Best Seller, 2005).]
[8] Leia o hábito 2 em *Os 7 Hábitos das Pessoas Altamente Eficazes*, de Stephen R. Covey, para desenvolver sua declaração pessoal de missão ou o que Covey chama de "constituição pessoal". Isso o ajudará a identificar se você é a favor ou contra.

[9] Hebreus 10.24 (ARA).
[10] John Wood, *Leaving Microsoft to Change the World: An Entrepreneur's Odyssey to Educate the World's Children* (Nova York: Harper Collins,2007). [Edição brasileira: Saí da Microsoft para Mudar o Mundo (São Paulo: GMT Editores, 2007).]
[11] Dorothy Herrmann, *Helen Keller: A Life* (Chicago: University of Chicago Press, 1999), p. 261.
[12] James Allen, *As a Man Thinketh* (Nova York: Jeremy P. Tarcher, 2008), p. 27. [Edição brasileira: *O Homem É aquilo que Ele Pensa* (São Paulo: Pensamento, 2010).]
[13] Napoleon Hill, *Think and Grow Rich* (Rockville, MD: ARC Manor, 2007), p. 197. [Edição brasileira: *Pense e Enriqueça* (Rio de Janeiro: Record, 2000).]

CAPÍTULO 10: PRINCÍPIO 7: PROMESSA FEITA, PROMESSA CUMPRIDA

[1] Maxwell Maltz, *Psycho-Cybernetics: A New Way to Get More Living out of Life* (Nova York: Pocket Books, 1989), p. 108. [Edição brasileira: *Psicocibernética* (Rio de Janeiro: Record, 2000).]
[2] Napoleon Hill, *Think and Grow Rich* (Rockville, MD: ARC Manor, 2007), p. 121.[Edição brasileira: *Pense e Enriqueça* (Rio de Janeiro: Record, 2000).]
[3] Tryon Edwards, *A Dictionary of Thoughts* (Nova York: Cassell Publishing Company, 1891), p. 450.
[4] Carl Sandburg, *Abraham Lincoln: The Prairie Years and the War Years* (Nova York: Mariner Books, 2002), p. 122. [Edição brasileira: *Os Anos de Pradaria e os Anos de Guerra* (Belo Horizonte: Itatiaia, 1965).]
[5] Citação inclusa em *Crying: Webster's Quotations, Facts and Phrases*, ed. Philip M. Parker (San Diego, CA: Icon Group International, 2008), p. 2.
[6] Blaine McCormick, *Ben Franklin: America's Original Entrepreneur* (Irvine, CA: Entrepreneur Media, 2008), p. 15.
[7] John Cleese discutiu esta ideia em "De Bron van Creativiteit", em uma apresentação a uma audiência na Bélgica. Está disponível no You Tube em www.youtube.com/watch?v=zGt3-fxOvug&feature=player_embedded#.Site acessado em 4 de novembro de 2010.
[8] Elizabeth A. Knowles, *The Oxford Dictionary of Quotations* (Nova York: Oxford University Press, 1999), p. 236. Citado de um programa no culto fúnebre em Coolidge em 1933.
[9] Hill, *Grow Rich*, p. 81. [Edição brasileira: *Pense e Enriqueça* (Rio de Janeiro: Record, 2000).]

EPÍLOGO
[1] Tiago 2.20.